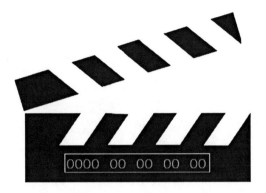

Coyotes en el cine fronterizo

Coyotes
en el CINE
FRONTERIZO

Coyote Benévolo, Coyote Malévolo y *Trickster*
en el Cine Fronterizo: *El Norte* (1984), *Arizona:
tragedia en el desierto* (1984) y *7 soles* (2008)

Juan Villa

First Edition 2011
Mesa, Arizona
Published by the Hispanic Institute of Social Issues

FIRST EDITION

HISPANIC INSTITUTE
OF SOCIAL ISSUES

HISI
PO Box 50553
Mesa, Arizona 85208-0028
480-983-1445 | hisi.org

Library of Congress Cataloging-in-Publication Data
Villa, Juan
Coyotes en el cine fronterizo / Juan Villa —1st ed.
pp. xiv/111

ISBN 13: 978-1-4507-5562-7
Printed in the United States of America.

Sinceramente agradezco a todos los profesores miembros de mi comité, el Dr. Manuel de Jesús Hernández-G., el Dr. Emil Volek y el Dr. Carlos García Fernández, quienes me inspiraron a escribir esta tesis a través de las cátedras que tomé con cada uno de ellos en los pasados años. Gracias por su entrega total a la literatura y por motivarnos a seguir sus pasos. Mi agradecimiento se extiende también al resto de los profesores y compañeros de posgrado del Departamento de Español de la Arizona State University, especialmente a Daniel Vargas. Finalmente, quiero agradecer el apoyo total que me han brindado mi familia, mi esposa Hilda, mis hijos Nataly y Juan Francisco, mi madre Ofelina y todos mis hermanos.

Índice

Presentación

COYOTES EN EL CINE FRONTERIZO del periodista e investigador Juan Villa, aparece en la escena literaria y social fronteriza como un libro de singular atractivo y tema de inagotable interés.

Escrito en lenguaje accesible y con acreditado conocimiento, el autor analiza a uno de los más complejos actores sociales en el contexto geográfico de una de las fronteras más transitadas del mundo: el *coyote*, o traficante de indocumentados.

El análisis del autor –producto de varios años de experiencia e investigación y estudio en el aula universitaria– nos muestra la evolución que ha tenido el papel del coyote a la luz de películas en las que éste indispensable personaje aparece, a veces como benefactor y en muchas otras como criminal.

Juan Villa lleva al lector a través de una visión panorámica desde el surgimiento de la frontera entre México y Estados Unidos, hasta los recientes acontecimientos políticos y sociales surgidos en pro y en contra de una escurridiza reforma migratoria.

Coyotes en el cine fronterizo ofrece una investigación socio-histórica de la realidad que representa la mecánica del cruce fronterizo como aparece en la pantalla grande, pero que se basa en el cruce verdadero y cotidiano de miles de seres humanos, en cualquier momento y en cualquier punto de la frontera.

El autor incorpora hábilmente elementos que van más allá de las películas objetos de su estudio, y nos presenta al coyote de carne y hueso, lo mismo a aquellos que cumplen con una necesidad inherente en la disparidad de dos economías, como aquellos que traicionan la noción más elemental de dignidad humana.

Coyotes buenos. Coyotes malos. Coyotes buenos que a veces son malos. Coyotes malos que a veces son buenos. Coyotes héroes. Coyotes villanos. Juan Villa nos demuestra que en el cine y en la vida real, los coyotes son tan peligrosos y odiados, como indispensables y buscados. Esto y mucho más nos ofrece *Coyotes en el cine fronterizo*, un libro primordial para quienes de una u otra manera están relacionados con la realidad de la frontera e intentan darle sentido.

El bien elaborado trabajo de Juan Villa representa una radiografía social e histórica que revela al lector el surgimiento del coyote, su continua presencia, sus diferentes tipos, papeles y funciones, su entrenamiento, así como los estereotipos que lo han caracterizado a través de la historia, ya sea en las salas de cine o en las inhóspitas veredas clandestinas en donde se escabulle y transita.

Coyotes en el cine fronterizo va más allá de la sabiduría convencional y le pone ciencia y arte a un tema inevitable: el *coyotaje*. Asimismo, explica y da sentido a palabras como *enganchador* o *bajador*, y nos enseña las diferentes manifestaciones del cargamento humano del coyote: *braceros*, *mojados*, o *pollos*, entre otras.

Juan Villa no sólo examina sino también propone. Su relevante trabajo en este su primer libro se comprobará valioso e indispensable para el lector promedio, el estudioso o el periodista de la fuente.

Eduardo Barraza
Fundador y Director
Hispanic Institute of Social Issues

Prefacio

A TRAVÉS DE LOS AÑOS el coyote se ha convertido en un personaje central en las películas mexicanas, chicanas y angloamericanas que representan la dinámica del cruce de la frontera de manera indocumentada entre México y Estados Unidos.

En las producciones cinematográficas *El Norte* (1984), *Arizona: tragedia en el desierto* (1984) y *7 soles*, (2008), se pueden apreciar las diversas manifestaciones de este personaje cuyas cualidades benévolas y malévolas van alineándose a las de los coyotes o traficantes de inmigrantes en la vida real.

Como lo manifiesta Emily Hicks en su libro *Border Writing: The Multidimensional Text* (1991), en la literatura de la frontera el coyote es parte de la producción cultural y lo habilitan factores comunes; sus habilidades son superiores a las de otros actores sociales de la región fronteriza y le permiten subsistir y triunfar: "The coyotes and the cholos are the most bicultural because their lives depend on their ability to survive in the interstices of two cultures". Las relaciones de poder, la función social y los estereotipos son conceptos críticos que, aplicados de manera efectiva, logran revelar la estructura del personaje el coyote.

En la construcción del coyote es fundamental que el guionista de cine dote a los personajes ciertos atributos comunes percibidos por la sociedad. Si la representación del coyote cae en el estereotipo, eso marca la figura del coyote. Sobre el origen de los estereotipos negativos, David R. Maciel afirma en su libro *El bandolero, el pocho y la raza* (2000) que los estereotipos están interrelacionados con la base histórica económica del suroeste de Estados Unidos; se cree que eso aplica en el caso del coyote. Las relaciones de poder y la función social están asociadas a la asimilación, la aculturación, la rebelión, la renuncia de la cultura y la adopción de nuevos valores de identidad. Es decir, en la construcción de los personajes de cultura fronteriza recae atribuirles actitudes típicas a su comportamiento las cuales culminan en una gama de configuraciones que desembocan en percepciones negativas y positivas.

En este libro se expresan las múltiples facetas del coyote en las películas *El Norte*, *Arizona: tragedia en el desierto* y *7 soles*: las características malévolas, las benévolas y las que se representan en forma de trickster. En esta investigación se exploran también previas producciones y los sucesos históricos en la región fronteriza que dieron paso a la construcción de este personaje tanto en la vida real como en el cine.

Coyotes en el cine fronterizo

Capítulo I

La historia del coyote como fenómeno socio histórico: el surgimiento, la historia, los diferentes tipos y la imagen cinematográfica

La reciente migración masiva indocumentada de mexicanos y centroamericanos a Estados Unidos se debe en parte a la existencia del coyote, un individuo que se ha dedicado a pasar por la línea fronteriza a miles de migrantes sin documentos. En la teoría fronteriza, al coyote se le ha presentado dentro de un modelo sincrónico y, por eso, carece de una historia material y cultural. Por ejemplo, en *Border Writing: The Multidimensional Text* (1991) de Emily Hicks, el coyote aparece como una figura clave en la máquina o sistema fronterizo. Desafortunadamente le falta historicidad, cuyas partes serían: el surgimiento de su oficio, la demanda por sus servicios, la evolución del oficio y la imagen en el cine fronterizo. Para mejor entender la existencia del coyote, se necesita una visión histórica del coyote. Es decir, aunque partimos del modelo fronterizo presentado por Hicks, nuestra investigación afirma la existencia del coyote en base a su historia material, social y artística, apoyando nuestro estudio en los historiadores Arturo Rosales y Albert Camarillo, el sociólogo David Spener y otros investigadores. Como objetivos, este capítulo describe la función del coyote dentro del sistema de Hicks, identifica el surgimiento del coyote, precisa su definición legal vía las diferentes actas de reforma migratoria, nota el cambio en la función social (individuo, corporativo) y describe la imagen del coyote en la producción cinematográfica (benigno, malévolo, ambiguo).

En su libro *Border Writing: The Multidimensional Text*, Emily Hicks afirma que las regiones fronterizas producen ciertos tipos que, como es el caso del coyote o traficante de indocumentados, terminan cumpliendo una función social. Para explicarlo, Hicks dice que existen individuos categorizados por ciertas tareas que conforman una máquina fronteriza:

> El *pollo* es la persona que cruza la frontera, el *mosco* sería el helicóptero del Servicio de Inmigración, la migra son los agentes del Servicio de Inmigración, el *coyote* es la persona que trae a los pollos a través de la frontera, el *turista* es el visitante de Norteamérica que va a México y finalmente el *cholo* como el joven habitante bicultural de la región fronteriza. (xxiii, traducción nuestra).

De este modelo, podemos apreciar la función tan importante que cumple el coyote, aunque éste desempeñe sus labores en el marco de la ilegalidad. Hicks asegura que los coyotes son personas que controlan o manipulan a los pollos; sin embargo, ambos son controlados por las políticas del *Immigration Customs Enforcement* (ICE), dependencia conocida anteriormente como el *Immigration and Naturalization Service* (INS), y un contexto social que repercute en las relaciones entre ambos países. En tal sentido, vemos que el coyote es un sujeto elemental dentro del marco social fronterizo. Ante esta realidad, el coyote ha adquirido, a través de los años, una importancia en las producciones cinematográficas. Al igual que los pollos y la migra, al coyote se le representa comúnmente como un sujeto integral dentro de la dinámica fronteriza o, a lo que constantemente Hicks se refiere, a una maquinaria fronteriza.

Para analizar las diversas manifestaciones del coyote como personaje en el cine mexicano, chicano y angloamericano fronterizo es necesario indicar que, en la mayoría, las tramas se escriben en referencia a la frontera México-Estados Unidos. De hecho, Emily Hicks sostiene que "las regiones fronterizas producen culturas que tienen ciertos rasgos comunes" (xxiii, traducción nuestra), y es por ello que podemos afirmar que las manifestaciones cinematográficas del personaje del coyote son fundamentales a la realización del cine fronterizo. Según Norma Iglesias Prieto, este cine es: "un conjunto de películas producidas en un medio industrial que tiene en común la utilización temática y productiva del espacio fronterizo, espacio que es tanto real como ficticio" (329). El espacio al que Iglesias Prieto se refiere ha permitido que el personaje del coyote sea parte esencial en la estructura de guiones de cine, y eso ha llevado a que se manifieste de diversas maneras con el correr de los años. Para cada manifestación cinematográfica del coyote, es necesario precisar el fondo socio-histórico en un intento de entender las razones ideológicas de su representación específica.

A. Los cuatro periodos mayores de la migración mexicana hacia Estados Unidos

A través de los años, la migración de mexicanos hacia Estados Unidos ha ocurrido en varias etapas y sin duda alguna, es el Siglo XX cuando esta migración ocurre a mayor escala. Para poner en perspectiva estas etapas de la migración, citaremos al historiador y catedrático de la Stanford University Albert Camarillo, quien ha dedicado varios años de su carrera a examinar los procesos históricos que afectan la vida de las generaciones de mexicanos en Estados Unidos. Entre sus obras sobresalen *Chicano Urban History: A Story of Compton's Barrio 1936-1970*, (1971) y *The Making of the Chicano Community: A History of the Chicanos in Santa Barbara, California, 1850-1930*, (1975). Pero es su ensayo: "Alambrista and the Historical Context of Mexican Immigration to the United States in the Twentieth Century" (2004), donde se explica que, durante el Siglo XX ocurrieron cuatro períodos mayores que caracterizan el éxodo masivo de mexicanos hacia Estados Unidos:

> Four periods of immigration mark the history of movement of Mexican people to the United Status: 'the First Great Migration' (1910s-1920s), 'the Bracero Era' (1942-1964), the so-called 'Los Mojados' (1950s), and 'the Second Great Migration' (1970s-present). Though circumstances have changed greatly over time for those seeking to enter the United States, most

have done so for a change to work and to earn a fair wage before returning home. (15)

Camarillo afirma que los efectos de la Revolución Mexicana fue el principal factor que contribuyó al éxodo de mexicanos durante el primer período denominado *the First Great Migration* o la Primera Gran Migración, que ocurre en los 1910 y los 1920. Se estima que más de 1.5 millones de personas emigraron hacia el Norte durante este período, los cuales encontraron grandes oportunidades de empleo en el suroeste de Estados Unidos y otras partes del país. Según Camarillo, los patrones enviaban a representantes de sus compañías al interior de México para persuadir a trabajadores a que viajaran hacia el Norte. Vemos que esta actividad está ligada con las funciones del enganchador o coyote como se explica más adelante en este estudio. El segundo período, que Camarillo titula *the Bracero Era* o la Época Bracero, ocurre en 1942 con el inicio de un programa de trabajadores huéspedes conocido como *Bracero Program* o Programa Bracero, donde miles de mexicanos viajaron legalmente a Estados Unidos, en su mayoría, a trabajar en campos agrícolas. De nuevo, aparecieron los enganchadores que reclutaban a trabajadores legales e ilegales desde el interior de la República Mexicana. Del tercer período conocido como *Los Mojados* o migración de los Mojados, Camarillo afirma que las condiciones económicas de México durante los 1950 y el reducido número de permisos bajo el Programa Bracero, contribuyeron a un incremento de trabajadores ilegales en los Estados Unidos. Además de aumentar las poblaciones fronterizas, este tercer período lleva a que los enganchadores de indocumentados adquirieran una mayor notoriedad, convirtiéndose en los famosos coyotes: "As the border patrol became more aggressive in its techniques to thwart illegal crossing, the alambristas came to rely more on a small army of smugglers, known as coyotes or polleros" (Camarillo 25). El cuarto período denominado *the Second Great Migration* o la Segunda Gran Migración abarca de 1970 al 2000, ó 30 años. Según Camarillo, durante estas tres décadas la deteriorada economía mexicana fue el factor principal de la migración de millones de mexicanos hacia el Norte:

"for example, the total number of legal immigrants from Mexico grew to 680,000 during the 1970's, but in the 1980's the number climbed to an amazing three million" (27). A pesar de la reforma migratoria de 1986 que regularizó a unos dos millones de indocumentados, para los 1990 la inmigración indocumentada mexicana llega a 2.5 millones de personas. Como hemos visto, los coyotes en estas tres décadas han jugado un papel fundamental en el traslado de miles y millones de inmigrantes a Estados Unidos durante más de 50 años.

Identificados y categorizados por Camarillo, los cuatro períodos mayores de la migración mexicana nos ayudan a entender de cierta forma el fenómeno migratorio procedente de México durante el siglo XX. Sin embargo, ya que hoy en día se maneja una cifra de 12 millones de indocumentados, la cual incluye centroamericanos, bien podríamos identificar y considerar un quinto período que abarcaría del 2000 al presente. De este nuevo período, se puede mencionar características asociadas a una nueva ola migratoria mexicana: ingreso al flujo migratorio por la frontera, el endurecimiento y el incremento de leyes contra los inmigrantes en los estados fronterizos, la construcción de un muro en la frontera, ciertas tendencias violentas por parte de los coyotes en el cruce de indocumentados, y otras.

B. El surgimiento legal de la frontera México-Estados Unidos en 1848

Según se explica en el libro *The Latino Experience in U.S. History* (1994) de Pedro Cabán, el Tratado de Guadalupe Hidalgo de 1848 puso fin a la Mexican War o Guerra Estados Unidos-México (1846-1848)[1] y comprometió a México a ceder casi la mitad de su territorio (128). Se establecieron el Río Bravo o Río Grande, el Río Gila y un límite horizontal entre Baja California y California como la línea divisoria entre Estados Unidos y México. Se estipuló también la protección de los derechos civiles y de propiedad para los mexicanos que permanecieran en el nuevo territorio estadounidense. Estados Unidos aceptó además

---

1 Este hecho militar de conquista se le conoce en México como la Intervención Norteamericana.

patrullar su lado de la frontera. Sin embargo, la vigilancia fronteriza de 1848 hasta 1920 era mínima. De acuerdo a *Chicano!: The History of the Mexican American Civil Rights Movement* (1997) de Arturo Rosales, aun con la instauración de la *Border Patrol* o Patrulla Fronteriza en 1924, la presencia de los agentes de inmigración era escasa: "The Border Patrol organized in 1924 to augment a thinly staffed customs agency, was given primary responsibility for curbing illegal entries, but lack of personnel limited its effectiveness. In 1925, for example, only nine man, responsible for some ninety miles of border, operated in the El Paso area" (37).

C. La presencia en Estados Unidos de los trabajadores indocumentados de 1848 a 1910: el enganchador

Uno de los primeros prototipos del coyote fue el enganchador. Los *enganchadores* o *enganchistas* eran contratados por compañías americanas para que fueran a México y reclutaran a trabajadores. Según Arturo F. Rosales, estos individuos aparecieron alrededor de 1918 y desde un principio se reportaban irregularidades por parte de quienes eran reclutados para trabajar en Estados Unidos: "since this was the first emigration for most workers, enganchistas many times exploited their vulnerability by not paying full wages or by overcharging for food and lodging" (44).[2] En los años siguientes el comportamiento de los *enganchadores* [nuestro énfasis] hacia los trabajadores mexicanos se vio reflejado en películas tales como *Border Incident* (1949) de Anthony Mann, y *Espaldas mojadas* (1953) de Alejandro Galindo. Rafael Baledón, en *El bracero del año* (1963) presenta un personaje bondadoso que transporta a inmigrantes. En *Mojados* (1979) de Alejandro Galindo, se observa la brutalidad de los agentes de la Patrulla Fronteriza. Más tarde, los enganchistas evolucionaron y sus funciones fueron

---

2 Según el investigador Gary D. Keller, la primera aparición de la frontera en el cine como una zona de tráfico de drogas e indocumentados se remonta a 1909 cuando se dio a conocer la película *On the Border* dirigida por Francis Boggs. Una segunda versión de *On the Border* apareció en 1930, esta vez dirigida por William C. McGann, la cual aborda de manera específica el tema del tráfico de inmigrantes indocumentados.

adquiridas en parte por los coyotes, como se refleja en las películas *El Norte* (1984) de Gregory Nava, y *Arizona: tragedia en el desierto* (1984) de Fernando Durán. En *My Family* (1995) de Gregory Nava, se presenta la deportación masiva de mexicanos y méxicoamericanos durante la *Operation Wetback* u Operación Espalda Mojada de 1954. Finalmente en *7 soles* (2008) de Pedro Ultreras, se examina una nueva brutalidad por parte de los coyotes.

D. Los 1910 a los 1920: Primera Gran Migración

Sin duda alguna, la Revolución Mexicana (1910-1924) fue una de las causas principales de la emigración de mexicanos a Estados Unidos. Rosales afirma que en 1910 había 219 mil mexicanos viviendo en la Unión Norteamericana. Para el año 1930, ya había aumentado a casi un millón de personas de ascendencia mexicana: "revolutionary destruction worsened the already dire situation in which Mexicans lived, eventually rendering Mexicans among the most vulnerable immigrants ever to come to the U.S." (42). Durante esa época de migración mexicana masiva hay que tomar en cuenta además el impacto del avance en los medios de transporte en México. Por ejemplo, de 1907 a 1908 los ferrocarriles mexicanos unieron el interior de México con las ciudades fronterizas, lo cual facilitó la migración indocumentada. Valiéndose del nuevo transporte, los enganchadores estadounidenses visitaban zonas rurales mexicanas para reclutar a trabajadores con la ayuda de algunas autoridades locales. El investigador David Spener en su ensayo "Mexican migration to the United States, 1882-1992: a long twentieth century of coyotaje" (2005) lo explica así:

> Often times the *enganchador* would induce workers to "sign-on" for the jobs he was offering by getting them drunk. Other times he would work with local authorities to forcibly recruit vagrants, prisoners, and rebels. In any case, once workers were "hooked," they were effectively treated as chattel by the *enganchadores* and the wages and working conditions that they were promised were often changed so that it was very difficult for them to pay off their transportation debts. (15)

Spener afirma, por otro lado, que en algunas regiones mexicanas los hacendados mexicanos y los policías locales se oponían a esta práctica. Inclusive, se unieron para exigir leyes que evitaran el éxodo de personas hacia el Norte. Tales hacendados, a veces anglo norteamericanos, temían perder su mano de obra mexicana.

1. De enganchador a coyote

Las funciones del coyote durante las primeras décadas del siglo XX eran muy distintas a las que se realizan en la actualidad. El escritor Ramón "Tianguis" Pérez en su *Diario de un mojado* (2003) narra las ocupaciones de los coyotes durante los inicios del Programa Bracero cuando no todos los mexicanos calificaban para ser legalmente contratados:

> Algunos fueron contratados por cortos periodos porque cada vez era más la gente esperando la misma oportunidad ante la oficina de empleo. Ahí surgieron los individuos que olisquearon un buen negocio en medio de aquella situación. La gente los bautizó como "coyotes", colegas de Juan Serna. Eran individuos que por cierta cantidad de dinero intervenían ante los oficiales mexicanos encargados de las oficinas de contratación para que los incluyeran a sus clientes en la lista de contratados. [···]
> Aunque el programa de braceros terminó, los coyotes siguieron trabajando por su propia cuenta. Ellos buscaban patrones en los Estados Unidos a quienes proveían de trabajadores ilegalmente. (19)

El padre de Ramón Pérez, como miles de personas, se aventuró a venir a trabajar a Estados Unidos en los 1940.

A pesar del cierre del Programa Bracero en 1964, los coyotes continuaron con la tradición, iniciada en 1918, de proveer trabajadores indocumentados a los patrones estadounidenses (Spener 14). En los 1980 su hijo Ramón entra a trabajar en EE.UU. con la ayuda de un coyote. Una variación popular del coyote durante los años 1950 fueron los pateros (personas que cruzaban a inmigrantes indocumentados en balsas o pequeñas embarcaciones por el Río Bravo). Esa modalidad se ve reflejada en películas mexicanas como *Murieron a mitad del río* (1986) de José Nieto Ramírez y *Mamá solita* (1980) de Miguel M. Delgado, entre otras.[3]

2. Las deportaciones masivas de los 1930

Durante la Gran Depresión de los 1930, mexicanos en los cien miles tuvieron que salirse o fueron deportados de Estados Unidos. La falta de empleos y la pobreza extrema de cientos de miles de trabajadores estadounidenses afectados por la crisis económica comenzaron a crear sentimientos de hostilidad hacia los extranjeros, principalmente contra los mexicanos a quienes los veían como una latente amenaza a razón de los pocos trabajos disponibles. En el libro *Limits to Friendship: The United States and México* (1988), los investigadores Jorge G. Castañeda y Robert A. Pastor afirman que los mexicanos indocumentados de los 1930 recibieron invitaciones para salirse del país: "The invitations were not always gentle, and resentment grew over poor and brutal treatment of Mexican nationals by U.S. authorities" (315). Se estima que entre los años 1929 y 1936 más de 600 mil mexicanos tuvieron que regresarse a México o fueron deportados. Muchos de ellos eran niños y niñas que habían nacido en los Estados Unidos. Estos dramáticos acontecimientos han sido llevados al cine en varias ocasiones. Uno de los mejores ejemplos es la película *My Family* (1995) de Gregory Nava, donde se narra la historia de tres generaciones de la familia Sánchez. Los Sánchez se establecen en el Este de Los Ángeles, pero pasan por varios obstáculos antes de integrarse de manera firme a la sociedad: entre ellos, la discriminación, la violencia y las deportaciones de los años 1930.

---

3 Además de México, el coyote se ha explotado cinematográficamente en otros países como España; se ve en la película *Balseros* (2002) de Carlos Bosch. En esta producción se narra la historia de la tragedia de un grupo de emigrantes cubanos que deciden irse clandestinamente a Estados Unidos en balsas.

3. De 1942 a 1969: The Bracero Era o Período de los Braceros

El Programa Bracero nació en 1942 para suplir en Estados Unidos la demanda de mano de obra durante la Segunda Guerra Mundial. Tal demanda se debió a que habían mandado a muchos jóvenes estadounidenses, inclusive a méxicoamericanos, a pelear en Europa. Comenzó con el traslado de mexicanos nacionales experimentados para cultivar y cosechar en la región de norte de California. Después, el Programa Bracero se extendió y cubrió otras regiones del país. Durante tal programa, de 1942 a 1964, casi cinco millones de mexicanos entraron a laborar en los campos agrícolas de los Estados Unidos. Durante éste período surgió y cobró el coyote una mayor relevancia e importancia social, pues no todos los mexicanos que se acercaban a la frontera para ser contratados como braceros cumplían con los requisitos. Como alternativa, el coyote les ofrecía el pase a EE.UU. para trabajar, aunque fuera de *ilegales* o *mojados*.[4]

De esa manera, se incrementó la demanda por los servicios del coyote y se consolidó como un sujeto indispensable en la dinámica de la frontera. Spener asegura que, en el año 1940, el número de inmigrantes indocumentados ya superaba al de los inmigrantes legales acogidos al Programa Bracero. Este fenómeno lo atribuye a

---

4 Podemos afirmar que las diversas manifestaciones de los coyotes y trabajadores indocumentados varían de región en región creando una terminología cambiante. Mientras que en Arizona el inmigrante puede ser conocido como *alambrado* por el hecho de pasar un cerco de alambre de púas, en Texas se le nombra *mojado* por el desafío que representa el cruzar el Río Grande. En esa región a los guías se les conoce como *pateros*. En Florida, los inmigrantes que se aventuran por el mar desde Cuba son conocidos como *balseros*. Durante los últimos años, España ha visto también un aumento significativo en el tráfico de indocumentados. En la región costera de ese país, a los coyotes se les conoce como *cayuqueros* en referencia a que trasladan a los inmigrantes en cayucos o lanchas. Toda esta terminología corresponde a los rasgos comunes en las regiones fronterizas que menciona Emily Hicks en su obra *Border Writing: The Multidimentional Text* (1991). El coyote es un personaje al cual se le atribuyen diferentes nombres en acuerdo con la región en la que se desempeña. Aunque de manera ilegítima, su función social es reconocida y necesaria para el tránsito de inmigrantes. Las diversas construcciones del coyote como personaje es fundamental para la realización de las producciones cinematográficas en el cine fronterizo. Las futuras posibilidades de este personaje, en vez de reducirse, van mutándose e inyectando nuevas modalidades a la imagen.

que el programa no se aplicó en ciertos sectores del estado de Texas, donde irónicamente se encontraban grandes números de trabajadores agrícolas indocumentados, a razón de que se impusieron altas cuotas que los contratistas debían pagar al gobierno mexicano por cada bracero (34).

Fue durante este período también cuando tuvo mayor resonancia la actividad conocida como *coyotaje*, o evasión del sistema de inmigración burocrática para contratar a ciertos mexicanos como braceros. De acuerdo a Spener, las mismas autoridades mexicanas locales que estaban encargadas de promover las plazas de bracero a los mexicanos, utilizaban sus puestos para beneficio propio: "This made the awarding of slots a lucrative coyotaje business for many local mayors and other local residents who could provide access to the mayors" (36). Por eso, en las ciudades fronterizas mexicanas se incrementó el coyotaje bajo cuyo sistema se asistía a cientos de trabajadores que no podían proporcionar los necesarios documentos legales para calificar. En las primeras escenas de la película *Border Incident* se exhiben estas actividades, específicamente en la ciudad de Mexicali, Baja California.

E. Los 1950: el Período de la migración de Mojados

Después de la Segunda Guerra Mundial, una nueva depresión económica en los Estados Unidos provocó la serie de proyectos anti-inmigrantes como la *Operation Wetback*[5] u Operación Mojado, que se implementó bajo la administración del presidente Dwight D. Eisenhower (1952-1960). Según el reporte "U.S. Latino Patriots: from the American Revolution to Afghanistan" (2002) de Refugio I. Rochín y

---

5 De interés, el término *wetback* o espalda mojada fue empleado en 1953 en la película *Espaldas mojadas* de Alejandro Galindo. Al igual que *pollo*, este término ha sido parte del extenso vocabulario de la máquina fronteriza que menciona Emily Hicks. Su uso se ha extendido a canciones populares como las interpretadas por artistas tales como Pedro Infante, Eulalio "El Piporro" González, Oscar Chávez, Vicente Fernández y el grupo musical Los Tigres del Norte. Hoy en día el término *mojado* ha surgido en obras de teatro, por ejemplo, el drama inédito "Operation Wetback" (2009) del director James García, donde hace comparaciones entre ese episodio de la historia y las deportaciones que se están efectuando hoy en día.

Lionel Fernández y publicado por el Pew Hispanic Center, ese operativo culminó con la deportación de casi dos millones de mexicanos: "similarly, social and economic strains were evident in 1953-1954, as "Operation Wetback," sweeps deported 1,874,431 illegal Mexicans" (10).

Tal cuantiosa cifra llama la atención al establecimiento de un nuevo fenómeno cíclico en la frontera Estados Unidos-México: la deportación masiva como mecanismo institucional para controlar y detener el constante flujo de migrantes indocumentados en busca de trabajo y una mejor vida. Eso lo dicen las ahora acumuladas estadísticas sobre las detenciones y deportaciones de los 1960 hasta los 1980 durante cuyos años se han deportado a millones de trabajadores indocumentados:

Although Mexican labor migrants had entered the United States clandestinely in large numbers in the 1920s, 1940s, and 1950s, after 1965 the absence of legal migration channels combined with the other factors led to levels of clandestine crossing of the border theretofore unseen. U.S. apprehensions of "deportable aliens" rose from 86,597 in 1965 to 345,353 in 1970, to over 1 million in 1978, to a peak of 1,767,400 in 1986. The vast majority of these apprehensions were of Mexicans by the Border Patrol as they attempted to enter the United States. (Spener 44)

1. La reforma migratoria de 1965: la Immigration and Nationality Act o Acta de Inmigración y Nacionalidad

Respecto a la migración mexicana legal, en 1965 el presidente Lyndon B. Johnson firmó la *Immigration and Nationality Act*, conocida también como la *Hart-Celler Act*, la cual permitió la reunificación familiar y, al mismo tiempo, limitaba el número de inmigrantes legales tanto de Europa como de México y el resto de Latinoamérica. La reunificación familiar va a contribuir notablemente al aumento en la migración mexicana legal. De acuerdo a Robert A. Pastor y Jorge G. Castañeda, en los 1960 y los 1970 fue cuando los inmigrantes mexicanos tuvieron mayor ventaja con respecto al resto de los inmigrantes: "because the numerical limitation did not apply to family reunification, the number of Mexican immigrants each year was always two to five times the 20,000 limit per country" (350). De hecho, los investigadores afirman que de 1960 a 1986 Estados Unidos absorbió más de 11 millones de inmigrantes mexicanos y centroamericanos, sin contar cuatro millones de indocumentados y casi un millón y medio de refugiados. A los indocumentados les ayudó a cruzar la línea fronteriza el coyote.

F. Los 1970 a los 1990: La Segunda Gran Migración

Diversas son las cifras que cuantifican la inmigración de mexicanos y centroamericanos a Estados Unidos durante los años 1970 y 1980. Incluso el INS reconoce en 1975 que el número de inmigrantes indocumentados, la mayoría de origen mexicano, se elevaba a 12 millones de personas. Ante la opinión pública, funcionarios de esa dependencia redujeron la cifra en varias ocasiones, pero como lo explican Matt S. Meier y Feliciano Ribera en su libro *Mexican Americans/American Mexicans: From Conquistadors to Chicanos* (1993), la presencia de esos millones de inmigrantes se aunaba a otros problemas sociales como el alto nivel de desempleo:

> The numbers game and the immigration debate developed a widespread perception that illegal immigration had suddenly skyrocketed and aroused the specter of a Latinized United States. As a result, there was insistent demand that Congress solve the perceived problems. (266)

Una comisión del Congreso federal consideraría más tarde la penalización a empleadores que contrataban a inmigrantes indocumentados y un programa de amnistía y legalización para miles de inmigrantes que cumplieran con ciertos requisitos legales.

Las guerras civiles de los 1980 en Centroamérica provocaron un éxodo masivo de inmigrantes de esos países hacia Estados Unidos. Debido a ello, hay que señalar la realidad de una nueva inmigración diferente a las que se tienen de México: los inmigrantes centroamericanos no solamente buscaban mejorar su situación económica, sino que venían huyendo de la violencia y la persecución política. Tales hechos se presentan en varias películas como ejemplo *Voces inocentes* (2004) de Luis Mandoki. En ella un niño salvadoreño trata de evitar ser reclutado por los guerrilleros. Las adversidades del pequeño son mayores que las de los inmigrantes mexicanos, pues él carece de la figura paterna debido a que su padre se vino a Estados Unidos huyendo de la violencia generada por la Guerra Civil que se desarrolló entre los años 1980 y 1992. En Guatemala, la Guerra Civil se inició en 1960 y se prolongó hasta 1996, provocando también un éxodo de inmigrantes que huían de la persecución política. De hecho, la película *El Norte*, narra la historia de dos hermanos guatemaltecos que huyen a México y luego a Estados Unidos después de que el padre de ellos muere asesinado por participar en grupos supuestamente subversivos.

México fue la vía de entrada de los inmigrantes centroamericanos a Estados Unidos, lo cual provocó la demanda de los servicios de los coyotes. Según Spener, "by 1970 around two-thirds of first-time undocumented migrants were hiring a coyote to cross the border, rising to 80 percent by 1978, and fluctuating between 70 and 80 percent for the remainder of the period ending in 1986" (46).

1. El acta de la reforma migratoria de 1986: IRCA

En 1986 el gobierno estadounidense aprobó la *Immigration Reform and Control Act* o Ley de Reforma y Control de la Inmigración (IRCA, por sus siglas en inglés) con el propósito de administrar y desalentar la inmigración ilegal a los Estados Unidos. Esta ley conocida también como la Amnistía de 1986 permitió: 1) el legalizar a los extranjeros ilegales que estaban presentes desde 1982 y a ciertos trabajadores agrícolas, y 2) el castigar a patrones que intencionalmente emplean a trabajadores indocumentados. Es decir, la Amnistía de 1986 les extendió la legalidad a los inmigrantes indocumentados que solicitaran la residencia permanente y, posteriormente, la ciudadanía norteamericana. Para lograr el proceso, los inmigrantes requerían ciertos documentos que dieran fe a un record de haber sido empleados en este país por varios años. Irónicamente, eso produjo una nueva especialización para los coyotes: ahora no solamente facilitaban el traslado de inmigrantes, sino que proveían también los necesarios documentos para los trámites migratorios. Posteriormente, se proliferó la venta clandestina de *green cards* o tarjetas verdes, ampliando otra vez las funciones sociales de los coyotes. De forma satírica, la película *Born in East L.A.* (1987) de Cheech Marín, aborda ese tema cuando el personaje principal, que asume temporalmente el papel de un coyote, se ve obligado a vender tales tarjetas en Tijuana para subsistir.

G. Del 2000 al presente: Tercera Gran Migración o el nuevo quinto período

Para concretar los períodos de la migración mexicana acentuados por el historiador Albert Camarillo, proponemos la Tercera Gran Migración como el quinto período, que corresponde del año 2000 al presente; se trata del hecho migratorio que viene decisivamente a transformar la cara de la población de EE.UU. El centro de investigación Pew Hispanic Center coincide que desde la entrada del nuevo siglo, los hispanos representan el 50 por ciento del crecimiento poblacional en todo el país. Según cifras del 2008, de los aproximadamente 40 millones de hispanos en Estados Unidos, 12.7 millones son inmigrantes mexicanos. Para poner en perspectiva las cifras de este centro de investigación, se expidió la siguiente declaración en un boletín de prensa:

No other country in the world has as many total immigrants from all countries as the United States has immigrants from Mexico alone. The number of Mexicans immigrants to the U.S. doubled from 1980 to 1990 and more than doubled from 1990 to 2000. While the growth rate of the Mexican immigrant population has slowed considerably since 2006, the total number reached a record 12.7 million in 2008, or almost 17 times the number in 1970. (1)

Este quinto período, o la Tercera Gran Migración, tiene su origen en la década de los 90 cuando se establecieron nuevas estrategias para evitar el ingreso de los inmigrantes indocumentados a Estados

Unidos. Una de ellas fue la puesta en marcha en octubre de 1994 de la *Operation Guardian* u Operación Guardián. De hecho, el *Department of Justice* o Departamento de Justicia de los Estados Unidos declara en el informe "Operation Gatekeeper: an investigation into allegations of fraud and misconduct" (1998) que tan sólo en el Sector de San Diego se habían efectuado cuantiosas deportaciones:

> In fiscal year 1994, the year immediately preceding implementation of Operation Gatekeeper, the Sector apprehended 447,540 illegal aliens, accounting for almost 44 percent of Border Patrol apprehensions nationwide and more than three times as many apprehensions as the second busiest sector. (2)

El proyecto Operación Guardián incluyó un despliegue cada vez mayor de agentes de la Patrulla Fronteriza, específicamente en la región del sur de California. Por otro lado, no pudo de manera efectiva parar el flujo migratorio mexicano y centroamericano.

Otra estrategia, el uso de tecnología sofisticada para la detección de inmigrantes y la instalación de múltiples barreras físicas en los lugares tradicionales de cruce, reorientó el flujo de inmigrantes indocumentados por varias zonas inhóspitas. En 1993 la *National Guard* o Guardia Nacional instaló, en un tramo de 21 kilómetros de frontera, un muro de tres metros de alto. La barrera entró en vigor el nuevo año fiscal en Estados Unidos, a 37 días de que se celebraran las elecciones estatales en las cuales buscaba la reelección el entonces gobernador de California, Pete Wilson, quien manejó una campaña anti-inmigrante. Sin embargo, esta nueva estrategia tampoco tuvo el efecto deseado.

Desde la instauración de la Operación Guardián, los activistas pro-inmigrantes han documentado la muerte de más de 10 mil inmigrantes. Es decir, la *Operación Guardián* no detuvo el tráfico de inmigrantes. Por su parte, en otro incremento de sus funciones sociales, los coyotes se vieron obligados a cruzar a inmigrantes indocumentados por zonas inhóspitas para evitar la vigilancia de la Patrulla Fronteriza. En un hecho inesperado, a finales de los 1990 el mayor tráfico de inmigrantes se vio en el sur del estado de Arizona, siendo Douglas, Nogales y la región de Sasabe los puntos de mayor cruce como lo expone el estudio "Efectos socioeconómicos del flujo migratorio internacional en localidades fronterizas sonorenses" (2006) de María Eugenia Téllez Anguiano, y publicado por el Colegio de la Frontera Norte. Específicamente, llama la atención a las detenciones de inmigrantes en el Sector Tucson:

> Es sumamente notorio que en el año fiscal 2000, las aprehensiones en el sector Tucson alcanzaron una magnitud sin precedentes, llegando a 616,346 detenciones; cifra que no sólo superó el volumen de las detenciones ocurridas en San Diego en el año fiscal 1992, sino que multiplicó 8.6 veces las aprehensiones registradas en el propio Sector Tucson respecto a 1992. (20)

Durante 2006 se vio una reducción en las detenciones de inmigrantes en Arizona, pero meses después se establecieron nuevas rutas de migración como lo menciona un artículo en el periódico mexicano *La Jornada*, en agosto del 2006:

> A casi dos meses del reforzamiento de la seguridad en el sector de Tucson, Arizona, por el gobierno de Estados Unidos, con el fin de impedir el cruce de indocumentados, ya hay datos que señalan que el flujo de migrantes se ha desviado al área de San Diego, El Centro y El Paso. Pero el cruce de Arizona sigue siendo el más peligroso. (1)

Hoy en día, el tráfico de indocumentados no ha cesado, lo cual ha provocado que autoridades locales implementen medidas para actuar como agentes de la Patrulla Fronteriza. En Arizona, el alguacil del Condado de Maricopa, Joe Arpaio, amparado bajo una nueva ley anti-coyote y la controversial provisión de 287(g), ha dedicado gran parte de su presupuesto para detener y encarcelar a inmigrantes indocumentados. Asimismo el *Department of Public*

Safety o Departamento de Seguridad Pública (DPS, por sus siglas en inglés) ha implementado actividades semejantes en varios sectores del estado de Arizona. Las actividades del alguacil Arpaio y el DPS están siendo observadas a través de Estados Unidos como un posible programa de acción por parte de los anti-inmigrantes y las autoridades conservadoras.

H. El acta de reforma migratoria Kennedy-McCain como respuesta las marchas pro-inmigrantes del 2006

El 10 de abril del 2006, grupos pro-inmigrantes organizaron marchas en varias ciudades de los Estados Unidos para exigir una nueva reforma migratoria. Según el *National Council of La Raza* o Consejo Nacional de La Raza (NCLR, por sus siglas en inglés), la mayoría de los estados participó en estas actividades. La Presidenta de la NCLR, Janet Murguía declaró vía una carta:

> La mayor organización nacional de apoyo y defensa de los derechos civiles de los hispanos en Estados Unidos felicita a la comunidad hispana por su participación en las 136 marchas que tomaron lugar en 39 estados y la capital. Las marchas tienen la meta de exigir una reforma de inmigración integral al Congreso. Las marchas se realizaron de manera pacífica en un ambiente familiar y positivo de acuerdo con la gran tradición estadounidense de la participación cívica. Es un día maravilloso para estar en los Estados Unidos. Este país fue creado por la participación de su pueblo, y hoy estamos aquí para que se oiga nuestra voz. (1)

De hecho, el día 10 de abril se estableció como el *National Day of Action for Immigrant Justice* o Día Nacional de Acción por la Justicia para los Inmigrantes.

Como una solución a las demandas por una nueva reforma migratoria, en marzo del 2007 el senador demócrata Edward Kennedy presentó una nueva propuesta migratoria que hubiera hecho posible una vía de legalización para la mayoría de los supuestos 12 millones de inmigrantes indocumentados que viven en los Estados Unidos. La nueva propuesta contó con el apoyo del senador y candidato presidencial republicano John McCain. En 2005, ambos Kennedy y McCain, elaboraron una amplia propuesta que incluiría una vía de regularización para los millones de indocumentados quienes llevan tiempo en Estados Unidos. Los beneficiarios serían inmigrantes que sin antecedentes criminales y que pagan impuestos.

Desafortunadamente, los medios de comunicaciones anglo-americanos derechistas, cuyos líderes son Rush Limbaugh, Sean Hannity, Bill O'Reilly, Lou Dobbs y otros, llevaron a cabo una campaña masiva para descarrilar el acta Kennedy-McCain del proceso legislativo. Además, para ganarse la candidatura del Partido Republicano a la presidencia, John McCain necesitó declarar que no votaría por la ley que había co-auspiciado. Los anti-inmigrantes angloamericanos y McCain se han suscrito a la línea de *enforcement first*, o sellamiento comprobado primero en la frontera México-Estados Unidos. Es decir, no se debe considerar una reforma migratoria comprensiva hasta que ya no ingresen los inmigrantes de forma ilegal por la frontera.

I. La definición del ilegal y el coyote

Dependiendo de las circunstancias, el Departamento de Justicia de los Estados Unidos sanciona desde hace varias décadas a la persona que cometa el delito de transportar a inmigrantes indocumentados, "it's a conspiracy to smuggle, transport and harbor illegal aliens for financial gain" (2). A esto se le suma un producto más reciente surgido en el estado de Arizona y aprobado por el poder Legislativo en el 2005; la *anti-coyote law* o ley anti-coyote. La ley permite a las autoridades locales arrestar a los traficantes de ilegales y presentar cargos de conspiración contra aquellos que contraten sus servicios: es decir, los indocumentados. De los 15 condados en Arizona, únicamente el Condado Maricopa ha hecho cumplir la legislación. En su propia interpretación legal, el *Maricopa Attorney General* o Procurador General de Maricopa, Andrew Thomas, define al coyote en los estatutos del estado (A.R.S. § 13-2319) de la siguiente manera:

Human smugglers, often known as "coyotes," include not just those that physically transport the undocumented aliens, but also those in the chain that receive and launder the money for transporting the undocumented aliens and those that guard the undocumented aliens in the "stash houses," awaiting illegal transportation to all parts of the United States. Additionally, some of these coyotes are also involved in illicit drug trafficking. (1)

Aunque la finalidad de la ley es castigar a los traficantes de indocumentados, ésta no ofrece una solución firme al fenómeno migratorio. Tampoco se ofrece una solución concreta para la sustentabilidad económica de los establecimientos comerciales que dependen de los proveedores de mano de obra barata. Para reforzar el combate a los traficantes de indocumentados, la oficina del Procurador General de Maricopa cuenta con la unidad conocida como *Border Trafficking Team* o Unidad contra el Tráfico de Personas en la Frontera, cuyo cargo incluye el enjuiciamiento de los coyotes. En el año 2006 ese grupo de agentes arrestó a 160 coyotes y les decomisó más de 15 millones de dólares en ganancias por el tráfico de personas.

1. El coyote individuo

En varias producciones cinematográficas vemos que existe un tipo que ayuda a un familiar o amigo a cruzar de manera ilegal a Estados Unidos: el coyote individuo. Desde muy temprano en la historia del coyote, ha estado presente el individuo quien ayuda a un familiar o amigo a cruzar de manera ilegal a Estados Unidos. Utiliza su conocimiento de la línea fronteriza y la geografía circundante para internarse a él mismo y al pollo en territorio estadounidense. Al reconocer y describir la existencia de este tipo de coyote en su libro *Mexican Voices, American Dreams: an Oral History of Mexican Immigration to the United States* (1990), Marilyn P. Davis declara:

Real coyotes worked via word-of-mouth recommendations and that, although money did change hands, their services were integrated into the cultural system of favors. It's an institution that existed of, by, and for Mexicans, with one *compadre* helping another. (128)

Este tipo de situaciones lo vemos en la película *Mamá solita* (1981) de Miguel M. Delgado. Un amigo de la familia ayuda a cruzar a un niño, quien añora ver a su padre en Estados Unidos después de varios años de ausencia.

2. El coyote corporativo

Según Spener, los coyotes han obtenido la fama de crear redes corporativas desde hace 40 años: "in the 1970s, U.S. immigration authorities claimed that tighter border control had transformed the 'alien-smuggling business' into a large-scale, multi-million dollar, multinational organized crime phenomenon with ties to drug-trafficking and potentially to international terrorism" (74). De acuerdo a lo dicho, en los últimos años las autoridades federales y estatales, cuando han desmantelado alguna red de coyotes, han encontrado también otras labores como parte de las actividades ilícitas asociadas al coyotaje. Por otro lado, El coyote corporativo ha aparecido en el cine fronterizo desde los 1940. Al ver la película *Border Incident* (1949) de Anthony Mann, el espectador toma conciencia de que existe una corporación delictiva, conformada por estadounidenses y mexicanos, la cual se dedica a trasladar a inmigrantes indocumentados. De 1953, la película *Espaldas mojadas* narra la vida de Rafael Améndola quien logra cruzar la frontera ayudado por el coyote Frank Mendoza, socio de un empresario anglo norteamericano. De igual manera en la película *Alambrista* (1977) de Robert M. Young, Roberto, un inmigrante michoacano, cruza la frontera gracias a unos coyotes que guiaban a un grupo de inmigrantes indocumentados. Poco después surge *Mojados* (1979) de Alejandro Galindo, donde narra la vida de Juan García, un inmigrante que logra cruzar la frontera gracias a la ayuda de los coyotes, pero que después casi pierde la vida cuando es descubierto por los agentes de la Patrulla Fronteriza.

3. El coyote ladrón

Cuando en la vida real consideramos al coyote corporativo y al coyote individuo, quienes ayudan a cruzar de manera segura a los indocumentados, tomamos en cuenta que entre ellos existen grandes diferencias. Por otro lado ha surgido uno nuevo, que señala una evolución en el oficio. En ocasiones en las calles, lo que comienza como un intercambio de balas entre dos vehículos en movimiento resulta ser un intento de robo por un coyote contra otro coyote: aquel es el coyote ladrón que roba la mercancía en tránsito, es decir, no se le contrató del lado mexicano para que ayudara a cruzar la línea. La mercancía de indocumentados lo amerita, pues la cabeza de cada migrante sin papeles ya dentro de los Estados Unidos ha incrementado en valor. A veces los familiares ya pagaron el traslado de unos 3,000 a 5,000 dólares, pero el coyote ladrón exige más de los pollos. Es decir, el coyote ladrón tiene sus ganancias sin arriesgar al evadir a la Patrulla Fronteriza. El robo de mercancía es una de las nuevas realidades de los coyotes. Aunque en el pasado eso ocurría en áreas inhóspitas, zonas rurales o carreteras, hoy en día se documentan con frecuencia casos de robo de pollos en zonas altamente urbanas e, incluso, en las calles de cualquier centro metropolitano.

J. 2006-2008: el masivo número de leyes anti-inmigrantes y ley anticoyote

Tan sólo en el 2007 las legislaturas estatales de EE.UU. consideraron más de 1,400 proyectos de ley contra la inmigración indocumentada y se promulgaron 170 de ellas. Representantes de la *National Conference of State Legislatures* o Conferencia Nacional de Legislaturas Estatales afirman que las leyes fueron estimuladas por el creciente resentimiento nacional contra la inmigración ilegal y la falta de apoyo a una amplia reforma migratoria. En total, 15 estados adoptaron leyes para castigar a los contrabandistas de inmigrantes: los coyotes.

Respecto la ley anti-coyote de Arizona (A.R.S. 13-2319), el Procurador del Condado de Maricopa, Andrew Thomas, ha declarado: "apoyé esta nueva ley porque estos casos son ejemplos perfectos del porqué hay que parar a los coyotes. La industria de tráfico de seres humanos es un peligro grave para los inmigrantes y para la comunidad" (comunicado de prensa). Sin embargo, la verdadera finalidad de esta ley es deshumanizar al inmigrante. Las penalidades que enfrentan los coyotes, una vez enjuiciados como culpables, pueden considerarse como un espejismo en el desierto, pues las sanciones dependen de un sistema judicial débil. Por ejemplo, a uno de los coyotes enjuiciados bajo esta nueva ley se le impuso una fianza de $180 mil dólares; ante tales fianzas, los coyotes salen de la cárcel en poco tiempo y, en pocos días, recuperan tal cantidad, lo cual ha elevado los precios que cobran al indocumentado por ayudarle a cruzar la línea fronteriza. Como ha sido a través de las décadas, el sistema judicial, por un lado, parece muy estricto; por otro, flaquea. De esa manera, como lo hacía el enganchador a principios del siglo XX, el coyote sigue reclutando y proveyendo la necesaria mano de obra a los granjeros y ciertas empresas urbanas de los Estados Unidos.

K. La imagen del coyote en el cine fronterizo: el surgimiento, la continua presencia y el tipo de coyote

1. Las primeras películas

En su libro *Hispanics and United States film: An Overview and Handbook* (1994), Gary D. Keller afirma que la primera aparición de la frontera en el cine como una zona asediada por el tráfico de indocumentados y las drogas se remonta al año 1909 en la película *On the Border* dirigida por Francis Boggs, donde un comité de vigilancia toma justicia por su propia mano y defiende el sector fronterizo estadounidense. Es hasta 1930 que, vía una nueva versión de *On the Border* hecha por William C. McGann, se aborda de manera específica el tema del tráfico de inmigrantes indocumentados, siendo los pollos en particular de origen asiático. Respecto al tráfico de inmigrantes mexicanos, ése se trata por primera vez en el año 1949:

> Based on the research to date, apparently not until the post-World War II era did films like *Border Incident* (1949), *Borderline* (1950), *The Lawless* (1950), and *Wetbacks* (1956), begin to deal with Mexican immigrants even though they

often functioned as passive pawns to incite Anglo crime and Anglo crime-fighting. (138)

El actor Ricardo Montalbán protagoniza *Border Incident* y en ella se trata la intervención de ambas las autoridades de México y las de Estados Unidos para combatir y denunciar el supuesto barbarismo de los coyotes. De tema similar, *Espaldas mojadas* de Alejandro Galindo se estrena en 1953 y trata también el problema de los mexicanos que cruzan la frontera sin documentos, pero explora además la explotación y la discriminación por parte de los anglonorteamericanos, a pesar de que existe el Programa Bracero que se adhiere a la protección de los trabajadores mexicanos huéspedes y legales. Además de que la película mexicana retrata la realidad de los inmigrantes indocumentados, expone la relación entre los coyotes y los dueños de empresas quienes requieren la mano de obra ilegal. En *Espaldas mojadas* vemos a unos coyotes violentos y capaces de todo. En retrospección, podemos ver que cómo ambos cines, el norteamericano y el mexicano, inician el tema de los indocumentados y el coyote a partir de los 1940 y los 1950.

Aunque *Espaldas mojadas* fue censurada por el gobierno mexicano, logró finalmente salir a la luz para denunciar las atrocidades de los coyotes e, incluso, las de los agentes de la Patrulla Fronteriza. La película trata las aventuras que vive Rafael, el personaje central del drama, quien después de varios intentos para obtener documentos y trabajar legalmente en los campos agrícolas, recurre a cruzar la frontera de manera ilegal con la ayuda de un coyote. Ya en Estados Unidos es perseguido por uno de sus ex-supervisores a quien lo auxilian las autoridades norteamericanas; lo persiguen de ciudad en ciudad. Rafael conoce a una mujer joven en un restaurante quien lo esconde mientras cruza hacia el lado mexicano. El momento de la justicia ocurre cuando el supervisor muere a mitad del Río Bravo a razón de que se le confunde por un inmigrante indocumentado. Para el investigador David R. Maciel, *Espaldas mojadas* es la mejor película comercial que trata sobre el tema de los migrantes:

El poderoso impacto de la película se debe a que resalta con claridad las causas de la emigración: los problemas socioeconómicos de México; la desesperanza de algunos sectores de la población mexicana para quienes no hay otra opción para subsistir y los beneficios de la economía norteamericana con la llegada de estos trabajadores. (59)

De manera similar a la susodicha película, *Arizona: tragedia en el desierto* (1984) de Fernando Durán, podemos observar la figura del coyote sanguinario.[6]

2. La continua producción de películas sobre la migración ilegal y el coyote

A través de los años las producciones cinematográficas etiquetadas como fronterizas han sido innumerables tanto en Estados Unidos como en México. Sin embargo, no siempre se ha retratado con exactitud la dinámica de la zona fronteriza. Así lo afirma la investigadora Norma Iglesias Prieto en su artículo "Frontera a cuadro: representaciones y auto representaciones de la frontera México-Estados Unidos en el cine" (2006):

Algunas de las principales razones por las que la frontera es atractiva para los cineastas es su riqueza visual, el dramatismo de sus fenómenos sociales, por ejemplo, la migración indocumentada, el tráfico de drogas y las posibilidades que esto brinda para los excesos y el sensacionalismo. Es decir, la frontera como espacio narrativo multiplica la capacidad espectacular del cine a través del desarrollo de temas emocionalmente fuertes, del uso de los géneros de acción y melodrama y, además, el mismo carácter espectacular de la región, comúnmente se asocia al escándalo. (1)

---

6 En contraste, en el filme *El Norte* (1984) de Gregory Nava, vemos a un coyote bonachón y hasta "recomendado" para ayudar a los inmigrantes.

Concordamos con Iglesias Prieto que la frontera entre México y Estados Unidos es un espacio que multiplica la capacidad espectacular del cine. Su representación asociada con la migración hacia Estados Unidos, el tráfico de inmigrantes indocumentados, el narcotráfico y otras actividades ilícitas, no tiene límites. Por ejemplo, de la Época de Oro del cine mexicano podemos citar *Ustedes los ricos* (1948) de Ismael Rodríguez, donde ya se habla sobre la nostalgia de los braceros. Con tono de aventura y comedia se produjo *El bracero del año* (1964) de Rafael Baledón. En su auge, el cine de luchadores también explotó la imagen de la frontera y el tráfico de inmigrantes indocumentados. Por ejemplo, en *Santo en la frontera del terror* (1969) de Rafael Pérez Grovas, el popular luchador se enfrenta a criminales que lucran con los órganos de los inmigrantes indocumentados. Por otra parte, *De sangre chicana* (1974) de Joselito Rodríguez, explora la identidad de los méxicoamericanos y su aceptación en la sociedad norteamericana. Otras producciones relatan la violencia que enfrentan los inmigrantes indocumentados antes de cruzar la frontera, entre ellas, *Mojados* (1979) de Alejandro Galindo, *Raíces de sangre* (1979) de Salvador Treviño, *Las braceras* (1981) de Fernando Durán y *El muro de la tortilla* (1982) de Alfredo B. Crevenna.

En la década de los 80 vendría una segunda ola de producciones cinematográficas que refleja la violencia y la muerte de inmigrantes que cruzan la frontera. Entre ellas, tenemos; *Mamá solita* (1980) de Miguel M. Delgado, donde se observa el abuso a los inmigrantes indocumentados en los campos agrícolas. En *Las pobres ilegales* (1982) de Alberto Mariscal, se muestra el maltrato y acoso sexual a mujeres inmigrantes. En *El muro de la tortilla* (1982) de Alfredo B. Crevenna se observa la violencia por parte de agentes de la Patrulla Fronteriza y grupos antiinmigrantes. Por otro lado, en películas como *El Norte* (1984) de Gregory Nava, *Malditos polleros* (1985) de Raúl Ramírez, *El puente II* (1986) de José Luis Urquieta, *La jaula de oro* (1987) de Sergio Véjar, *Murieron a mitad del río* (1987) José Nieto Ramírez, *Tres veces mojado* (1989) de José Luis Urquieta; se expone con mayor realismo la brutalidad contra los indocumentados. En todas ellas está presente el coyote, ejerciendo su función social.

De las últimas dos décadas, existen: *My Family* (1995) de Gregory Nava, *The Gatekeeper* (2002) de John Carlos Frey, *The Day Laborers* (2003) de Lane Shefter Bishop, y *A Day Without a Mexican* (2004) de Sergio Arau.[7]

L. Los estereotipos del coyote: el benigno y el malévolo

Como personaje cinematográfico, al coyote no pasa siempre del estereotipo: es benévolo o malévolo. De hecho, nunca se le ha concedido el papel del protagonista en una película mexicana, anglonorteamericana o chicana.[8]

1. El coyote benévolo

Las manifestaciones del coyote benévolo se aprecian en las películas fronterizas y en el teatro chicano contemporáneo. Por ejemplo en *El bracero del año*, un transportista de inmigrantes llamado Joe ofrece llevar a Natalio (el protagonista) a otra ciudad a pesar de saber que éste no tiene documentos para estar legal en el país. En *Contrabando humano* se exhibe también el transporte de inmigrantes indocumentados sin cobrar cuota alguna. En un hecho excepcional, en el drama chicano *Puente negro* (1983) de Estela Portillo Trambley, presenciamos acciones solidarias de parte de un coyote, quien además resulta ser una mujer. En la película mexicana *Arizona: tragedia en el desierto* uno de los coyotes ayuda a los inmigrantes en los momentos más difíciles; antes de morir, los lleva a una zona segura. En la película chicana *My Family* un patero amablemente ayuda a María Sánchez a cruzar el río que divide la frontera. En el filme anglonorteamericano *Fun with Dick and Jane* (2005) de Dean Parisot, la esposa del protagonista,

---

7 Nos aventuramos a decir que en España ha ocurrido algo similar. Con las recientes migraciones masivas de africanos, se han producido varias producciones cinematográficas que retratan la dinámica de la inmigración en esa zona. Es así el caso de *Bwana* (1996) de Imanol Uribe donde se habla del racismo contra inmigrantes africanos y *Al otro lado* (2005) de Gustavo Loza, donde una niña marroquí queda en manos de los coyotes o traficantes de inmigrantes en el estrecho de Gibraltar.

8 La película *7 soles* es la única excepción.

de origen anglosajón y quien se encuentra deportado en México a base de un error, decide también traerse de regreso a un grupo de inmigrantes indocumentados.

2. El coyote malévolo

Los matices del personaje del coyote malévolo están presentes desde la inicial película anglonorteamericana *Border Incident*. En esta película podemos apreciar la maldad de los coyotes que asaltan y matan a sus víctimas al cruzar por zonas inhóspitas como las montañas de California. De hecho, ésa es la razón de que exista una colaboración entre las autoridades de ambos lado de la frontera. Del cine mexicano, *Malditos polleros* de Raúl Ramírez exhibe la venganza personal para castigar la maldad de los coyotes, quienes abandonan a un grupo de inmigrantes en el desierto. En *El muro de la tortilla* se aprecia la complicidad de los coyotes con grupos xenofóbicos. El coyote de la película norteamericana *The Gatekeeper* presenta a un coyote con alianzas a grupos de vigilantes en la frontera; aquellos atemorizan a los inmigrantes indocumentados. En *Arizona: tragedia en el desierto* observamos a unos coyotes sanguinarios que roban, violan y matan a sus víctimas mientras cruzan por el implacable desierto de Yuma; por otro lado, en *7 soles*, un coyote despiadado va eliminando en su trayecto a cada uno de los inmigrantes malheridos, también por el desierto de Arizona.

M. División en capítulos

Para analizar las manifestaciones del personaje el coyote en las producciones cinematográficas fronterizas se requiere de un trabajo dividido en varias partes. Este libro está estructurado en cuatro capítulos. En el capítulo I se ofrece una introducción a la historia social y a la imagen del personaje el coyote en el cine mexicano, chicano y angloamericano. Este análisis nos permite dar un entendimiento histórico sobre la existencia del coyote y presentar las diversas manifestaciones del personaje en el cine del género el inmigrante.

En el capítulo II se establece el marco teórico con el efecto de analizar las películas seleccionadas por medio de conceptos críticos, tales como, las relaciones de poder teorizadas por los filósofos Friedrich Nietzsche y Michel Foucault, la función social como conceptualizada por la investigadora Emily Hicks y el antropólogo fronterizo Víctor Clark Alfaro. Se analizan asimismo los estereotipos asociados a la imagen en celuloide del coyote en base a la teoría del escritor Charles Ramírez Berg. Por último, se examina la figura del *trickster* como ejemplo del comportamiento ambivalente de los coyotes o traficantes de inmigrantes indocumentados.

En el capítulo III, titulado "El coyote benévolo", analizaremos la variación del personaje que queda acentuado en la película *El Norte* e, incluso, en *7 soles*. En ambas películas esta cualidad es indispensable para el desarrollo de la trama y aun fundamental para el desenlace. Se analiza también obras teatrales y ciertos géneros de música mexicana donde se trata la conducta del coyote benévolo. Asimismo se analizan sus similitudes con la figura del *trickster*, que viene de la mitología y engaña a sus víctimas para llevar a cabo sus fechorías.

En el capítulo IV exploraremos la imagen del coyote como malévolo, la cual está presente en los guiones de cine. La cualidad del coyote malévolo la analizaremos en las obras antes mencionadas, *Arizona: tragedia en el desierto* y *Malditos polleros*. Para examinar el efecto de los estereotipos en la construcción del coyote, se apoya este análisis en el capítulo "El bandolero o los chicanos fabricados por Hollywood" del libro *El bandolero el pocho y la raza* (2000) de David R. Maciel y en el capítulo "From il(i)egal to legal subject" del libro *The Bronce Screen: Chicana and Chicano Film Culture* (1993) de Rosa Linda Fregoso.

Capítulo II

La representación del coyote: función social, poder, estereotipos y *trickster*

Desde hace varias décadas, la figura del coyote ha sido reconocida y explotada por la producción cultural de la frontera: novela, cuento, corridos y cine. Si hablamos específicamente del cine, podemos darnos cuenta que su imagen ha sido fomentada y perpetuada en varios proyectos cinematográficos tales como *Border Incident* (1949), *El Norte* (1984), *Arizona: tragedia en el desierto* (1984) y recientemente en *7 soles* (2008). Estos proyectos muestran las diversas manifestaciones de los coyotes como actores sociales que actúan dentro del espacio fronterizo. Sus características de personajes sin alma, bondadosos, ambiciosos, despiadados, heroicos, volubles y violentos responden a cada situación que se les presenta. Es decir, cada cruce es diferente y su comportamiento dependerá de las condiciones que existan en la frontera. Sus acciones son un reflejo de la realidad y hacen constar la compleja operatividad de la región.

En este capítulo se establece el marco teórico con el efecto de analizar las películas seleccionadas por medio de varios conceptos críticos, tales como, las relaciones de poder, la función social, los estereotipos y el *trickster*. Las relaciones de poder son teorizadas por los filósofos Friedrich Nietzsche y Michel Foucault. La función social se aplica como conceptualizada por el antropólogo fronterizo Víctor Clark Alfaro y el escritor Guillermo Alonso Meneses. Se presentan las repercusiones de los estereotipos del coyote en la imagen del celuloide como visto en Charles Ramírez Berg. Por último, se trae al marco crítico el concepto del *trickster* o engañador presente en la mitología del coyote desarrollada como por Claude Levi-Strauss.

A. Funciones en la frontera

Primero, debemos entender al coyote dentro del contenido fronterizo. En cada sociedad existen sistemas y servicios públicos para el funcionamiento de la comunidad que la habita. Es común que el funcionamiento normal de una sociedad dependa también de servicios ilícitos o cuestionables por los vigilantes del orden público. De hecho, en ocasiones esos vigilantes forman parte de una cadena de servicios no reconocidos legalmente; sin embargo, son servicios indispensables para el diario vivir. Si hablamos específicamente de la región fronteriza entre México y Estados Unidos, podemos observar que existen diversos actores sociales, entre ellos el coyote, cuyas acciones logran dar funcionalidad a una compleja región marcada geográficamente por muros, cercos, ríos y garitas de inspección. Las funciones de los actores sociales de esta región son distintas a las de otras sociedades localizadas más al sur o incluso más al norte. Son tan diversas que existen clasificaciones de acuerdo a su específica función social como lo menciona la escritora fronteriza Emily Hicks en su introducción a su libro *Border Writing: The Multidimensional Text* (1991):

> Border regions produce cultures that have certain common features. The Mexico-U.S. border provides a set of general categories: the *pollo* (the border crosser), the *mosco* (the helicopter of the U.S. Immigration and Naturalization Service), the *migra* (the U.S. immigration officer), the *coyote* (the person who brings the pollo across the border), the *turista* (the North American visitor to México), and the *cholo* or *chola* (the young bicultural inhabitant of the border region). The *coyotes* and the *cholos/cholas* are the most bicultural because their lives depend on their ability to survive the interstices of two cultures (xxiii-xxiv).

Tomando en cuenta las aseveraciones de Hicks, podemos decir que estas clasificaciones se dividen en base a la estructura económica y social de cada país. Sigue que los actores sociales, como el coyote, pertenecen a distintas clases sociales y estructuras políticas (de ambos lados de la frontera) que determinan su función dentro de la sociedad bifronteriza como se explica en el siguiente cuadro:

Pollo	Típicamente proviene de México o Centroamérica. De clase obrera o pobre. Su función es solicitar a un coyote su traslado ilegal a los Estados Unidos.
Coyote	Típicamente de clase media y alta (dependiendo de la corporación a la que pertenece). Proviene de la región bifronteriza. Su función es trasladar de manera ilegal a los pollos a territorio estadounidense.
Migra	Agentes de inmigración estadounidenses típicamente de clase media. Su consigna es detener, arrestar y deportar a los pollos. Se le atribuye ese nombre al Immigration and Naturalization Service (INS), dependencia que hoy en día lleva el nombre de Immigration and Customs Enforcement o ICE.
Turista	Visitante autorizado para cruzar la frontera. Procedente de clases media y alta. Su función es consumir y comprar productos en cualquier lado de la frontera.

Es importante recalcar que las susodichas clasificaciones no resultan idénticas a las del sistema o estructura social de México o Centroamérica. Es decir, un turista mexicano pudiera provenir también de la clase pobre y su estatus migratorio (turista) pudiera depender de sus relaciones familiares, sociales o, incluso, de poder. También podríamos decir que un agente aduanal mexicano no pudiera ser comparado con un representante de la Migra, pues su salario y prestaciones laborales lo colocan automáticamente en la clase pobre. En el caso del coyote, podemos afirmar que sus habilidades le permiten desplazarse con facilidad en ambos lados de la frontera en calidad de turista, residente legal o como ciudadano norteamericano. Su función social le permite mantener relaciones sociales y de poder, inclusive hasta para con instituciones gubernamentales. Además, podemos aludir que sus influencias le permiten dominar comunidades enteras aun estando lejos de la frontera entre México y Estados Unidos.

1. El coyote: las funciones sociales

En torno a las funciones que cumplen los coyotes en la frontera, Clark Alfaro afirma que "si no fuera por sus servicios, los inmigrantes no llegarían" (1). Con esto, el antropólogo afirma que los coyotes llegan a ser catalogados de héroes una vez que cumplen con su trabajo. Esta función social a la que se refiere Clark Alfaro se puede apreciar en la película *El Norte*, cuando los hermanos guatemaltecos logran llegar a la ciudad de Los Ángeles, California gracias a la ayuda de un segundo coyote que había sido recomendado por uno de sus familiares justo antes de que salieran de su pueblo. Sin embargo, antes de que esto ocurriera los hermanos fueron engañados por otro coyote que se ofreció a llevarlos a California. En medio de la noche, los hermanos guatemaltecos fueron asaltados por ese coyote quien, armado con un cuchillo, demandaba el dinero que traían.

Con eso en mente podemos decir que su función social no siempre es de buenas intenciones. Hay riesgo en contratar estos servicios y siempre está latente el peligro como lo explica Alonso Meneses:

> Esto habla de un actor social heterogéneo e inestable, pues no se puede saber si el coyote es de fiar o no, a no ser que se le conozca. Hay migrantes que, por conocer las formas y rutas de pasar al otro lado, eventualmente guían y pasan a sus acompañantes. Hay guías que pertenecen a redes altamente organizadas que cuentan con casas de apoyo a uno y otro lado de la frontera. (1)

Es precisamente el riesgo, la incertidumbre y la maldad que, como elementos, construyen la trama de una película acerca del fenómeno migratorio. En base a la trama aquí el espectador puede analizar las consecuencias de solicitar los servicios de los coyotes. La función social dependerá de las cualidades y características del coyote. En *Arizona: tragedia en el desierto*, cada coyote tiene un temperamento diferente y esto se manifiestan claramente al convertirse ellos también en víctimas de las inclemencias del desierto. Al verse en una situación de vida o muerte, dejan a un lado su función social de facilitar el cruce. Primero, ultrajan a sus víctimas y después intentan salvar su propia vida.

En *7 soles* vemos claramente las subdivisiones de las diversas funciones que ejercen los traficantes de indocumentados. En una escena en la terminal camionera de Nogales, Sonora, vemos como primero el *enganchador* convence a un grupo de recién llegados a cruzarlos a territorio americano. Después, los reúnen en una casa (clavo) con otro grupo a esperar una hora precisa para cruzar. Para entender este proceso, Francisco Vásquez Mendoza, en su crónica "La sombra de los polleros" (2001), nos ofrece la definición de algunas de las funciones de la siguiente manera:

> *Enganchador:* Comes from the verb enganchar meaning to hook, to connect or, in military circles, to recruit. Thus, the enganchador is a recruiter of undocumented immigrants wanting to go north.
>
> *Clavo:* Means spike or nail. A clavo is a stash house on either side of the line where the smuggler (pollero) stores the immigrants who have paid him to move them to the next location. (55)

Todas estas definiciones forman parte de un rompecabezas que se arma poco a poco clarificando el rol de cada persona en el afán de ejercer una función social en el tráfico de indocumentados. Todos estos roles giran en torno a la función del coyote o pollero. Así lo explican Luis Humberto Crosthwaite, John William Byrd y Bobby Byrd en el texto *Puro Border: Dispatches, Snapshots and Graffiti from La Frontera* (2003): "Like all underworld subcultures, the world of polleros and pollos has created its own rich vocabulary, so each of the subdivisions of labor within the pollero gang usually has its own slang designators" (47). El vasto vocabulario de estas funciones no se termina al cruzar la frontera. Ya de este lado, los indocumentados podrían encontrarse con *bajadores*, quienes les robarían su dinero y pertenencias antes de iniciar el recorrido al interior del país.

En las tres producciones cinematográficas vemos que el común denominador es el coyote. Las historias de *El Norte, Arizona: tragedia en el desierto* y *7 soles*, no avanzan sin el ejercicio de las funciones de este personaje ni del trabajo de sus colaboradores. Estas historias de cine son retratos fidedignos de situaciones reales que ocurren en la frontera.

2. Malditos polleros: los coyotes son un mal necesario

También del cine mexicano, podemos citar la película *Malditos polleros* (1985), donde la venganza personal es el recurso principal para el desarrollo del drama. Por medio de este filme, se denuncian las atrocidades cometidas por los coyotes en la época de los 80; sin embargo, las escenas se adaptan a la sociedad actual. En esta cinta los indocumentados son abandonados por los coyotes en una zona inhóspita del desierto de Arizona. Uno a uno los indocumentados van muriendo por el hambre, la sed e, incluso, la picadura de animales ponzoñosos que habitan la zona. Sólo uno de ellos sobrevive y es trasladado a un hospital de la ciudad de Tucson, Arizona. Después de algunas mal interpretaciones, el sobreviviente se ve obligado a huir hacia el sur. Más adelante encuentra refugio con la dueña de un taller mecánico. Acechado constantemente por la pesadilla que vivió, el sobreviviente decide contarle la historia a su protectora con quien desarrolla una relación sentimental.

Una vez que logra estabilizarse, decide vengarse de los coyotes. Cuando comienza a realizar su plan de venganza es cuando se da cuenta que existe toda una industria del coyotaje en la frontera: es decir, en cadena, los personajes tienen funciones sociales específicas que permiten entender el millonario negocio del tráfico de indocumentados. El sobreviviente se da cuenta que hay *enganchadores* para convencer a los migrantes a cruzar de manera ilegal, analiza que hay *guías* para conducirlos por caminos no vigilados por la *Border Patrol* o Patrulla Fronteriza y constata la sagacidad de esos individuos: lo único que les importa es el dinero y no la vida de los indocumentados. Al final, este personaje logra reunir a los coyotes que lo cruzaron por primera vez y los mata a balazos en un vecindario de la frontera.

Se podría decir que la venganza personal vendría a traer una justicia poética al drama; sin embargo, sería sólo como deshacerse de un grano de arena en el mar, ya que la industria del coyotaje cuenta con miles de empleados por decirlo de algún modo. En su análisis, el investigador Víctor Clark Alfaro afirma que al eliminar un coyote "existen otros que están operando. La demanda por los servicios de los polleros sobrepasa la oferta". (2)

3. Coyote corporativo contra coyote particular

Arizona: tragedia en el desierto (1984) es una película protagonizada por los conocidos actores mexicanos Juan Valentín, Rafael "Flaco" Guzmán y Carlos East donde podemos observar la figura del coyote corporativo. A través de la película vemos con frecuencia el robo, las violaciones a mujeres y los asesinatos de inmigrantes. Esta historia fue basada en hechos reales y narra la tragedia que vivió un grupo de inmigrantes salvadoreños y guatemaltecos que cruzó por el implacable desierto de Yuma, Arizona. Después de estudiar este filme, nos damos cuenta de que es difícil separar la ficción de la realidad. Pudiéramos decir sin temor a exagerar que la realidad supera a la ficción.

En contraste, en el filme *El Norte* (1984) de Gregory Nava, vemos a un coyote bondadoso y hasta "recomendado" para ayudar a los inmigrantes. La cinta trata de los sufrimientos de dos hermanos guatemaltecos que deciden venir Estados Unidos. A su paso por México tienen que vencer varios obstáculos hasta que llegan a la frontera con Estados Unidos y enfrentan al verdadero desafío de sus vidas. Antes de ponerse en manos de un coyote recomendado por sus familiares deberán de conocer a otro, quien pretende robarles en vez de cumplir con su función. Podemos de esta manera hacer hincapié en la diferencia de los términos *coyote corporativo* y *coyote particular*. El primero pertenece a una industria que contiene diversas ramificaciones y funciones, mientras que el segundo es ejercido por la vía del compadrazgo y sin fines de lucro.

En *7 soles* (2008) de Pedro Ultreras, el coyote lleva el nombre de El Negro (nótese la carga del nombre) y tiene que cruzar a varios inmigrantes por el desierto. Sin saberlo, los inmigrantes también llevan drogas. En esta cinta, El Negro tendrá que luchar contra su conciencia. Por el control del poder, se enfrentará a su colega y, por redención, tendrá que abstenerse a hacerles daño a los inmigrantes. En el caso de *7 soles*, el coyote pasa de ser un personaje sanguinario a otro benévolo y justiciero, pero que no deja de ser parte de una industria que desconoce de emociones y de causas nobles.

Los coyotes no sólo cumplen con la función de llevar inmigrantes, sino que muchos de ellos llevan también drogas para poder hacer un negocio redondo. Esta tendencia ha cobrado mayor relevancia en los últimos 25 años. Tanto es así que han surgido disputas entre las organizaciones de coyotes y las del narcotráfico como las señala el investigador Jorge Santibáñez del Colegio de la Frontera Norte al afirmar que "ahora es la mafia organizada la que trafica con estas personas. Se trata de una red de traficantes de personas que son profesionales, cuentan con hoteles, casas de seguridad, autos y vehículos de carga". (1)

La película *Border Incident* es presentada en formato de blanco y negro, y se le considera como parte del género *noir* o negro debido a que en las múltiples escenas prevalece la esencia de la noche cuando se llevan a cabo los delitos en el Cañón de la Muerte. Para resolver esta ola de violencia, varios agentes encubiertos de México y Estados Unidos se unen para desmantelar a la red de coyotes y rancheros que cruzan a braceros sin documentos para trabajar en campos agrícolas. Cuchillo y Zopilote son los nombres de los coyotes en esta película. Aunque en ocasiones operan por su propia cuenta, ellos reciben órdenes de astutos contratistas que manejan la mano de obra (legal e ilegal) en los campos agrícolas de California.

Aquí es importante hacer hincapié en el concepto de la función social mencionado por Víctor Clark Alfaro. Por un lado, lo coyotes pueden ser considerados como los sujetos responsables del traslado de los inmigrantes que buscan una vida mejor; por el otro, son también los delincuentes que roban, matan y humillan a los inmigrantes que confían en ellos. Cumplen una función social de la cual ellos obtienen la mayor ventaja posible de los necesitados. En ocasiones esa función es valorada como positiva. Esto ocurre cuando el inmigrante logra llegar a su destino sano y salvo.

4. El coyote: elemento fundamental

Aunque su práctica social está penada por la justicia y sus acciones constantemente sean rechazadas, repudiadas, justificadas y hasta glorificadas, debemos de reconocer que el coyote, o traficante de indocumentados, es un elemento fundamental en la dinámica del fenómeno migratorio entre México y Estados Unidos. Así como los taqueros cumplen con su función de satisfacer el hambre de los inmigrantes o el chofer de autobuses con el de transportarlos desde el interior del país, el coyote viene a cumplir con una función social de facilitar el cruce de la línea una vez que llegan a la zona fronteriza (en ocasiones su función se inicia desde los poblados de donde provienen los inmigrantes). Debemos de entender también que el coyote es y será por mucho tiempo un actor social indispensable no sólo en la región de México y Estados Unidos sino en todo el mundo. Esto se debe al galopante índice migratorio que se registra a nivel mundial como lo declara Rosaura Sánchez en su ensayo "Mapping the Spanish Language along a Multi-ethnic and Multi-lingual Border" (2002):

The Phenomenon of domestic and international migration is worldwide. There are now 100 million foreign immigrants throughout the world and millions moving within particular nations from rural to urban areas. (101)

Sánchez explica que, pese a la reubicación de industrias en el Tercer Mundo, los niveles de desempleo en América Latina y África han escalado de manera considerable, lo cual ha dado pie al aumento de la migración internacional. Ante este cuantioso fenómeno migratorio, específicamente entre México y Estados Unidos, sería ilógico descartar la funcionalidad de un coyote o traficante de inmigrantes indocumentados. Bien o mal, el coyote ejerce una determinante función social en esta contrastante región geográfica: trasladar a los indocumentados de México a Estados Unidos pese a la estricta vigilancia de la *Border Patrol* o Patrulla Fronteriza.

B. Las relaciones de poder

1. Un coyote con poder para determinar

En torno a las relaciones del poder, podemos decir que el coyote, como personaje, está dotado de un poderío que determina la proyección del resto de los personajes. Para entender su hegemonía, nos adherimos a la concepción crítica de Foucault: "el poder no es considerado como algo que el individuo cede al soberano o a una concepción contractual jurídico-política, sino que es una relación de fuerzas, una situación estratégica en una sociedad determinada" (106, traducción nuestra). Al examinar la relación entre el coyote y el poder, como presentadas en la película *El Norte*, podemos deducir que la sociedad determinada es la frontera y tanto la relación de fuerzas como la situación estratégica se desenvuelven en el cruce hacia Estados Unidos. Un ejemplo sobre la manifestación del poder, como concepto, lo podemos apreciar cuando, en su primer intento por cruzar a Estados Unidos, los hermanos guatemaltecos solicitan los servicios de un coyote quien les asegura cruzarlos sin mayores problemas. Posteriormente, se dan cuenta de que ese coyote lo único que quiere es robarle sus pertenencias. Al fondo, el coyote usa el poder para abusar del *otro*. El recurso al poder también lo podemos apreciar en escenas de la película *Arizona: tragedia en el desierto*, donde los coyotes, en un principio, se valen de su conocimiento para guiar a los migrantes por una zona peligrosa. Después, se extravían y es cuando los coyotes se disputan el liderazgo del grupo, provocando la muerte de algunos de los migrantes.

Aquí sería prudente citar a Nietzsche cuando dice que "commanding is more difficult than obeying. And not only because the commander bears the burden of all who obey, and that this burden can easily crush him" (225). Nietzsche afirma que al ejercer comando o poder se experimenta y se arriesga. De esta manera podemos decir que, los coyotes al imponer su mando, se están arriesgando a que el resto del grupo no esté sujeto a obedecerlos. Si esto sucediera, los coyotes siempre están armados para reforzar su control y poderío. Los coyotes ejercen su autoridad en todo momento, esquivan a la *Border Patrol* o Patrulla Fronteriza, para evitar confrontaciones y retrasos a su itinerario; sin embargo, no dudan en utilizar su fuerza en caso de ser necesario.

2. El dominio de los coyotes en Border Incident

Las diversas manifestaciones del personaje el coyote se remontan hasta a finales de la década de los 40 cuando apareció la película *Border Incident* (1949), protagonizada por el actor Ricardo Montalbán. En esta cinta se aprecia la intervención de las autoridades para denunciar y combatir el barbarismo de los coyotes durante la primera etapa del Bracero Program o Programa Bracero en 1942. Con la voz de un narrador, los primeros minutos de la película son dedicados a la descripción del Programa Bracero y a la explicación geográfica de la región fronteriza ubicada entre México y Estados Unidos. Debido a que cientos de inmigrantes no calificaban para ser partícipes del Programa Bracero, su única opción era cruzar a Estados Unidos de manera indocumentada por una peligrosa zona conocida como el Cañón de la Muerte en el área de la ciudad fronteriza de Mexicali, Baja California. A razón del accidentado relieve de esa región, los inmigrantes constantemente eran robados y hasta asesinados por los coyotes. Vemos en *Border Incident* que los coyotes ejercen control sobre los inmigrantes.

Esta manifestación de control y disciplina es presentada en el capítulo "Power and knowledge", de la colección *The Cambridge Companion to Foucault* (1994), como un método para controlar y ejercer el poder: "it's aimed to establish presences and absences, to know where and how to locate individuals" (95). Según Michel Foucault, la noción de horarios y movimientos programados para la gente es un elemento utilizado para ejercer el poder sobre ellos. Este sistema es efectivo si evaluamos los procedimientos de los coyotes al efectuar sus labores. Para ello existen tareas asignadas al grupo de colaboradores del coyote las cuales describiría Foucault como "functional distribution of activities" (96). Estas funciones serán analizadas en el capítulo III.

En *Border Incident* la presentación de la maldad de los coyotes va más allá de la forma inhumana que utilizan para cruzar a los indocumentados. Una vez que los migrantes logran tener trabajo, son forzados a cumplir jornadas de 10 horas diarias y pagadas a 25 centavos cada una. Las injusticias laborales son notables en todo momento, las condiciones de higiene son deplorables y no se deja fuera que se les cobra la comida y otras cuotas. Finalmente, se puede apreciar una constante vigilancia por parte de los contratistas sobre los indocumentados. Se pudiera decir que esta dinámica cae en una especie de esclavitud condicionada.

Sobre el acecho constante de los vigilantes, Foucault diría que esta acción es establecida con el propósito de "supervisar la conducta de los individuos, para evaluarla, para juzgarla, para calcular sus cualidades y sus méritos. Es un proceso determinado para saber" (95, traducción nuestra). Para los críticos, éste es un típico filme gubernamental donde al inicio se presenta la historia con un carácter de documental y ofrece la perspectiva de una sociedad organizada donde después las fuerzas malignas entran en acción para romper con la estabilidad. De esta manera, las autoridades se ven obligadas a entrar en acción para presentar un plan y atrapar a los responsables.

En el caso tal organización, tendríamos que volver al concepto de poder y de control que menciona Foucault. Es decir, hoy más que nunca los inmigrantes deben ser extremadamente vigilados y controlados para que la industria continúe siendo redituable. Sobre esta forma de control Clark Alfaro afirma:

> Los grandes grupos de la mafia aprovechan el uso de la nueva tecnología, incluso se habla de que utilizan los GPS (Global Position System), aparatos con guía satelital para ubicar mediante coordenadas la posición de las personas. Además los grupos cuentan con muchos más contactos para sacar documentos falsos y poder llevar a los migrantes hasta el lugar donde deseen. (1)

Con las observaciones de Clark Alfaro en mente nos queda claro que el coyote, en la vida real, no solamente es un individuo que controla y que ejerce poder, sino que además se vale de la tecnología para efectuar su trabajo con mayor eficacia. Sin lugar a dudas, estas características son también asimiladas en los personajes que asumen el rol de coyote en las producciones cinematográficas.

C. Los estereotipos

Respecto al forjamiento de la figura del coyote, los ejemplos de las producciones cinematográficas se basan en la representación de estereotipos basados en los coyotes de la vida real, siendo aquellos traficantes de indocumentados en la frontera. Como los explica Norma Iglesias Prieto en su ensayo "Retratos cinematográficos de la frontera: el cine fronterizo, el poder de la imagen y la redimensión del espectáculo cinematográfico" (2001), los estereotipos en las películas son fundamentales para el entendimiento de lo que significa la zona fronteriza entre México y Estados Unidos:

> Resulta pertinente hablar de las representaciones de la frontera México-Estados Unidos que los largometrajes de ficción han elaborado, porque esto nos permite entender una parte sustancial de los mecanismos mediante los cuales se han creado los estereotipos vigentes sobre la frontera. Estereotipos tan arraigados en el imaginario social, que incluso en algunos casos se han convertido en el recurso básico para el diseño de políticas culturales destinadas a esta región. El análisis tanto de las películas como del medio y las audiencias fronterizas, nos da elementos para comprender la fuerza de la cinematografía, el poder de la imagen en movimiento y el papel que el cine, como fenómeno sociocultural, está desempeñando en la vida cotidiana de sus públicos, especialmente en la frontera. (328-329)

Son precisamente las características estereotípicas del coyote que, con frecuencia, se explotan en las producciones cinematográficas donde se abordan el tema del tráfico de indocumentados.

Como dicho anteriormente, la figura del coyote forma parte de los estereotipos en la representación cinematográfica de la frontera. Sobre tales estereotipos, Charles Ramírez Berg afirma que los roles de los actores hispanos históricamente han sido determinados por la conducta negativa atribuida a la comunidad latina en general: "in the cinema, the fact that Hispanics are depicted as variations of bandits and buffoons, whores, Latin lovers, and dark ladies defines them first and foremost outside the mainstream" (22). Por extensión, esos estereotipos pueden impactar la representación del coyote. Por ejemplo, en la película *Border Incident,* los coyotes de origen norteamericanos son más sofisticados y de buena apariencia física mientras que sus colegas mexicanos son malhablados, sucios y mucho más violentos. A nivel general podemos decir que los estereotipos atribuidos a los coyotes en el cine raramente exceden la realidad. De hecho, podemos afirmar que el personaje del coyote en el cine es una aproximación válida a las características de un verdadero coyote. Sin embargo, sus características podrían ser varias dependiendo de su origen étnico. En la vida real, esos personajes son típicamente ambiciosos, crueles, inhumanos, hábiles, bondadosos y heroicos. Debemos entonces entender que la imagen del coyote es múltiple y complicada.

En el estudio *El bandolero, el pocho y la raza, imágenes cinematográficas del chicano* (2000), David R. Maciel ya había analizado las consecuencias de los estereotipos. En su argumentación dice que, desde una perspectiva psico-sociológica, los estereotipos simplifican la realidad pero que "el problema surge cuando un grupo dominante las utiliza para etiquetar a aquéllos bajo su dominio económico y político. Los estereotipos se reproducen fácilmente, cobran fuerza y se convierten en realidad" (Maciel 17). Lo anterior lo podemos constatar cuando examinamos las representaciones de los coyotes en *El Norte, Arizona: tragedia en el desierto* y *7 soles.* En estas tres películas podemos observar que los traficantes de indocumentados son, en su mayoría, mexicanos, violentos, audaces y hombres. En ellos se repiten constantemente los estereotipos comunes y se explotan al máximo, sobre todo, en obras cinematográficas intrascendentales del cine mexicano que burdamente tratan de retratar la realidad fronteriza. Un ejemplo es la película *El puente II* (1986) de José Luis Urquieta, donde el drama de un inmigrante se ve opacado por su excesivo sentido del humor y por un inestable guión. La historia pretende combinar el tráfico de indocumentados con el contrabando de drogas en base a escenas irracionales que no logran convencer al espectador.

Sobre la explotación de los estereotipos relacionados a la violencia y a la mujer durante la época de los 80, Norma Iglesias Prieto afirma que los abusos sexuales fueron reiteradamente incorporados a los abusos de la frontera, específicamente en películas como *Las braceras* (1981) y *Las pobres ilegales* (1981):

> Estas cintas se caracterizaron por retratar al detalle y en primer plano el sufrimiento, la sangre y el abuso de que son objeto los migrantes, pero sin hablar del contexto o de las historias personales de los sujetos de la migración. Se trata de filmes con tramas excesivamente melodramáticas y con historias sin salida marcadas por finales poco felices. (353)

De esta manera, Iglesias Prieto enfatiza y recalca que la frontera entre México y los Estados Unidos es el espacio propicio utilizado en el cine para representar los abusos y sufrimientos de quienes se atreven a intentar el Sueño Americano. Al comparar *7 soles* con *Las braceras*, vemos que en la primera, la escena de la violación sexual en el desierto, se justifica por la conducta inestable del coyote. Por otro lado, en *Las braceras*, algunas de las escenas de sexo simplemente están de más. Es decir, resultan innecesarias a la secuencia de la historia.

D. El coyote como un *trickster*

Por último, la antropología cultural nos ofrece otra dimensión del coyote o traficante de indocumentados. Es conveniente mencionar que el comportamiento del coyote se pudiera comparar al de un *trickster* o engañador, esa figura de la mitología que hace el bien y el mal y que desobedece las normas para llevar a cabo su fin. En las creencias de la cultura indígena del suroeste de los Estados Unidos, el trickster es un animal convertido en coyote que tiene la habilidad de transformarse y ser un héroe que vence a la maldad. Paradójicamente también se le asocia con ciertos poderes y con la habilidad de viajar. Estos atributos no son extraños al comportamiento del traficante de indocumentados conocidos también comúnmente como coyotes. Irónicamente, sus habilidades son semejantes a las de ese personaje mitológico.

En su libro *The Trickster Shift*, Allan J. Ryan dice que el *trickster* o engañador "has no control. He knows neither good nor evil yet he is responsible for both. He possesses no values, moral or social, is at the mercy of his passions and appetites, yet through his actions all values come into being" (7). Por otro lado, en la mitología indígena del suroeste de los Estados Unidos, según los antropólogos, el *trickster* es uno de los personajes más típicos que se distingue por un comportamiento pícaro, astuto, bufonesco, malvado y, a menudo, demoníaco. Algunos antropólogos afirman que es importante reconocer el hecho de que estas características se combinan a veces con una función benévola o positiva, apareciendo en ocasiones, el *trickster* como héroe. Para entender a fondo la figura del coyote dentro de los parámetros de la cultura mexicana, podríamos citar el siguiente párrafo del ensayo de Alonso Meneses "Migra, coyotes, paisanos y muertitos: sobre la analiticidad y el sentido de ciertos factores de la migración clandestina en la frontera norte" (2007).

> El coyote, en la Huasteca hidalguense, región indígena náhuatl, puede ser un intermediario (indígena o no) o los mexicanos blancos (en el sentido de fenotipo europeo) o güeros (que sería una blancura de pie social más que fenotípica): por lo general sinónimo de poder económico y político, pero también de explotación y abuso. En consecuencia, (al menos en la Huasteca náhuatl) al animal lo denominan "cuacoyotl" o "chichicoyotl" (lobo), porque el coyote (coyotl o coyome en plural) es una persona/actor social del que, en su vertiente negativa, hay que desconfiar, o, incluso, al que hay que despreciar. Evidentemente, este concepto operativizado como categoría descriptiva supone una valorización negativa, como la de traficante de migrantes o "migrant smugglers". Un sinónimo en la frontera fue y es el de pollero (porque al internarse clandestinamente por los senderos, rumbo a los "esteits", los migrantes o pollos avanzan en fila india detrás del guía. Pero, si el pueblo mexicano (la vox populi) también los

llama espontáneamente coyotes, es un dato significativo de cómo perciben la relación con algunos guías transfronterizos; verdaderos intermediarios, acaso incómodos, aunque necesarios. (5)

Meneses analiza el coyote bajo la perspectiva de la conducta de una persona con poder y la relación con el animal (coyote) como visualizado en algunas regiones indígenas de México. La noción de que el coyote sea un intermediario leal y, al mismo tiempo, deshonesto permite que el resto de los estereotipos fluyan en un guión cinematográfico, dándole mayor proyección y veracidad a la trama.

Si hablamos específicamente de la mitología en el suroeste de los Estados Unidos, Leví-Strauss dice que, representado por un coyote o un cuervo, el *trickster* "es un mediador y ello permite explicar la característica ambivalencia de este personaje, puesto que él conserva la dualidad que por función tiene que superar" (204-205, traducción nuestra). Si atribuimos las características mitológicas a lo que representa un traficante de inmigrantes conocido como coyote, podemos darnos cuenta de que los estereotipos vigentes fluctúan sin mucha diferencia entre el mito y la realidad.

Conclusión

En resumen, podemos entender que la figura del coyote está dotada de valores positivos y negativos y éstos se desbordan dentro de las producciones cinematográficas que tratan el tráfico de indocumentados. Podemos apreciar que sus funciones sociales, sus relaciones de poder, sus estereotipos y su *tricksterismo* se concretizan en su historicidad y se manifiestan en múltiples maneras en el cine contemporáneo. Con certeza podemos resumir que el coyote, o traficante de inmigrantes, ocupa un importante espacio en la sociedad fronteriza. Dejando a un lado la noción de que se trata de un servicio penado e ilegal, es importante reconocer que los coyotes cumplen una función vital en el entorno de la frontera. La complejidad de su papel social obliga al coyote a experimentar nuevos modos para el traslado de inmigrantes indocumentados. Las películas *El Norte*,

Arizona: tragedia en el desierto y *7 soles* son fieles ejemplos de esas manifestaciones que perpetúan la figura y la imagen del coyote.

Arizona: tragedia en el desierto (1984) de Fernando Durán, es una de las cinta mexicanas que muestran con gran realismo el drama del cruce fronterizo, así como la crudeza de los coyotes que traicionan a quienes los contratan para ayudarlos.

Border Incident (1949) de Anthony Mann, presenta la problemática del cruce fronterizo en la época del Programa Bracero. (Foto: Poster publicitario de la película.)

Espaldas mojadas (1953) de Alejandro Galindo, trata también el problema de los mexicanos que cruzan la frontera sin documentos, pero explora además la explotación y la discriminación por parte de los anglonorteamericanos, a pesar de que existe el Programa Bracero. (Foto: Poster publicitario de la película.)

El Norte (1984) de Gregory Nava, presenta a un *coyote benévolo* (izquierda), a una pareja de hermanos guatemaltecos (derecha) que viajan sin documentos a Estados Unidos. En Tijuana, México, un coyote trata de convencerlos que lo contraten para que los ayude a cruzar (abajo). (Fotos fijas tomadas de la película/HISI.)

El Norte (1984) de Gregory Nava, presenta las diferentes facetas del coyote, como la del *trickster* o *coyote engañador* (izquierda), que trata de robar a los inmigrantes guatemaltecos. En el filme también aparece el *enganchador* (abajo) que tan pronto como se bajan los inmigrantes del autobús trata de persuadirlos de que lo contraten para ayudarles a cruzar a Estados Unidos. (Fotos fijas tomadas de la película/HISI.)

7 soles (2008) de Pedro Ultreras, presenta el caracter ambivalente del coyote en el personaje llamado El Negro. (Fotos cortesía de Pedro Ultreras.)

La cinta *7 soles* captura el contraste entre el *coyote benévolo*
y el *malévolo* (arriba), quienes se disputan el control en
una trágica travesía de inmigrantes en el desierto de
Arizona (abajo). (Fotos cortesía de Pedro Ultreras.)

Capítulo III

El coyote benévolo en las películas *El Norte* y *7 soles*

Cuando hablamos de las cualidades de los personajes en el cine debemos entender que en ocasiones sus comportamientos quedan establecidos en las primeras escenas y siguen así hasta el final. Sin embargo, en ciertas producciones cinematográficas podemos apreciar que los personajes adquieren comportamientos inesperados los cuales pueden producir cambios drásticos que afectan la trama de la película. Los casos de los personajes quienes representan a los traficantes de indocumentados —el coyote— no son la excepción. Es por ello que para analizar la estructura del coyote benévolo debemos entender que su comportamiento es influenciado por dos vertientes. Primera, al coyote que es bueno, porque esa es su manera de ser, su entorno no le hace cambiar aún cuando se le presentan adversidades. Tal vertiente se vale de lo que el escritor Jorge Ayala Blanco describe en su libro *La herética del cine mexicano* (2006) como "la cotidianidad jodida y autocompasiva de los inmigrantes" (241). Esto lo vemos acentuado en la película *El Norte* (1984) de Gregory Nava. Una vez que los hermanos guatemaltecos Rosa y Enrique Xuncax llegan a Tijuana se disponen a buscar a un coyote bueno y recomendado. La conducta del coyote benévolo tanto en las películas como en la vida real se puede interpretar en base a una combinación de conceptos críticos que incluyen las relaciones de poder, la función social, los estereotipos y el estado de *trickster*. La segunda vertiente es aquel coyote que sufre cambios tanto para hacer el bien como para hacer el mal. Es un coyote ambivalente. Su entorno se lo exige y el contacto con el resto de los personajes refuerza su condición. Para interpretar este coyote, también nos valemos de los conceptos críticos mencionados anteriormente, y el entendimiento de tal coyote nos ayuda a reforzar la interpretación del coyote benévolo. La cualidad del coyote ambivalente se observa en la película *7 soles* (2008) de Pedro Ultreras, con el personaje llamado El Negro, en particular vía su notable comportamiento caritativo hacia una madre y a sus dos hijos durante el trayecto por el desierto de Arizona. Su conducta benévola contrasta con ciertas acciones negativas durante ese mismo viaje; de ahí, resulta su carácter ambivalente. Observamos que en las dos películas la cualidad de ambivalencia es indispensable para el desarrollo de la trama de cada una de ellas y aún fundamental para el respectivo desenlace. Respecto al análisis del coyote benévolo, es fundamental aplicar los conceptos críticos mencionados en el marco teórico: relaciones de poder, función social y estereotipo. Las manifestaciones del coyote benévolo o bondadoso se pueden observar en un sinnúmero de películas, incluso *Mamá solita* (1981) de Miguel M. Delgado, *My Family* (1995) de Gregory Nava, *Fun with Dick and Jane* (2005) de Dean Parisot y *Frozen River* (2008) de Courtney Hunt. Sin embargo, la benevolencia ha quedado también asentada en películas producidas hace décadas como *Espaldas mojadas* (1953) de Alejandro Galindo, en el teatro como el drama *Puente negro* (1983) de Estela Portillo Trambley, y en la música como en el corrido "Tres veces mojado" (1982) del grupo musical de género norteño Los Tigres del Norte.

Al hablar de las relaciones de poder debemos recordar a Michel Foucault cuando dice que con el exceder la fuerza se podría destruir nuestros objetivos. Para evitar esto, sugiere las habilidades de disciplina y el entrenamiento: "Discipline and training can reconstruct it to produce new gestures, actions, habits and skills, and ultimately new kinds of people" (95). Precisamente esto ocurre en las dos producciones cinematográficas que analizamos: *El Norte* y *7 soles*. Los coyotes demuestran una conducta benévola siempre y cuando los inmigrantes obedezcan las órdenes que se les dan. Aplicando las teorías de Foucault, podemos afirmar que estos inmigrantes indocumentados podrían lograr sus objetivos siempre y cuando sigan una disciplina (obediencia), desarrollen hábitos (callar cuando viene la migra) y, simultáneamente, sean capaces de aplicar ciertas habilidades (caminar pese al cansancio o aguantar las jornadas del viaje sin beber agua).

A. Servicios y funciones del coyote benévolo

Como se menciona en el capítulo II, los diversos actores sociales en la frontera relacionados con los traficantes de indocumentados logran dar funcionalidad a una compleja región delimitada geográficamente por muros, cercos y ríos. Estos actores sociales se ven impactados por el coyote, que bien o mal, cumple con una función social dentro del marco de suplir una mano de obra barata por abajo del salario mínimo, lo cual la coloca en la ilegalidad.

Los actores sociales en la frontera son tan diversos que existen clasificaciones de acuerdo a su específica función social, pero aún así, terminan siendo parte de la órbita de los coyotes. Para lograr una mejor productividad, estas funciones son en la mayoría de los casos jerarquizadas y vigiladas por la corporación. De esa manera existe una disciplina laboral con el propósito de evitar errores que pudieran poner en riesgo sus operaciones.

Para entender mejor las funciones sociales de estos individuos y la de otros actores sociales dentro de la dinámica del tráfico de indocumentados, hemos agregado más elementos a la tabla que mostramos previamente en el capítulo II. En esa tabla tenemos las siguientes cuatro funciones sociales: *pollo* que proviene típicamente de México o Centroamérica, de clase obrera o pobre y su función es solicitar a un coyote su traslado ilegal a los Estados Unidos; *coyote*, que es típicamente de clase media y alta (dependiendo de la corporación a la que pertenece, proviene de la región bifronteriza y cuya función es trasladar de manera ilegal a los pollos a territorio estadounidense; *migra*, agente de inmigración estadounidense y típicamente de clase media, tiene la consigna de detener, arrestar y deportar a los pollos, y se le atribuye ese nombre al *Immigration and Naturalization Service* (INS), dependencia que hoy en día lleva el nombre de *Immigration and Customs Enforcement* o ICE, por último, mencionamos a *turista*, que es un visitante autorizado para cruzar la frontera y proviene de las clases media y alta y su función es consumir y comprar productos en cualquier lado de la frontera. Estas funciones sociales se amplían y se intercalan con unas adicionales:

Funciones sociales relacionadas con el tráfico de inmigrantes

Pollo	Proviene de México o Latinoamérica. Es de clase obrera o desempleada.
Coyote	Proviene de clase media y alta (en acuerdo a la corporación a la que pertenece).
Migra	Se refiere a agentes de inmigración estadounidenses y típicamente, pertenecen a la clase media.
Turista	Es un visitante autorizado procedente de las clases media y alta.
Enganchador	Trabaja en las estaciones de autobuses, los restaurantes y otros lugares públicos. Es de clase media y baja.
Guía	Proviene de la clase media y baja. Asiste al coyote en el traslado de los inmigrantes
Burrero	Es alguien que trafica droga. Proviene de México o Latinoamérica. Es de clase obrera y, en muchos casos, son menores de edad.
Alambrado	Es alguien que cruza de manera ilegal por un cerco de alambre.

Comparado con la tabla en el capítulo II (página 35), agregamos a tres nuevas funciones sociales que vienen a complementar la funcionalidad del tráfico de inmigrantes en la frontera. La primera es *enganchador*, que, como se observa en *7 soles*, es un elemento fundamental para iniciar el traslado de los inmigrantes a Estados Unidos. La escena que mejor explica la función de este personaje es cuando un grupo de inmigrantes llega a una estación de autobuses en Nogales, Sonora. Allí conocen a un individuo que se dedica a enganchar a inmigrantes indocumentados. Después se agrega la función *guía*, que viene a complementar el trabajo de los coyotes. Los guías se encargan de asistir a los coyotes en el traslado de los inmigrantes indocumentados. Esta función sugiere actividades múltiples y, a la vez, cuenta con más sinónimos. El sociólogo David Spener, en su ensayo "Some Reflections on the Language of Clandestine Migration on the Mexico-U.S. Border" (2009), nos ofrece la siguiente descripción del guía:

> Guías [guides], mulas [mules], or encaminadores [the ones who walk them] are the guides who lead groups of migrants on marches through the South Texas brush country as they attempt to circumvent Border Patrol checkpoints on the highways leading north, while choferes are the drivers of the vehicles used to transport migrants to Texas interior cities once they have evaded the Border Patrol. (20)

Si bien en la película El Norte, el coyote también actúa como guía, esta función social específica se puede apreciar en otras películas como es el caso de: El mil usos II (1984) de Roberto G. Rivera, Malditos polleros (1985) de Raúl Ramírez, y producciones recientes como Sleep Dealer (2009) de Alex Rivera.

De las nuevas funciones, burrero se encarga de transportar droga consciente o inconscientemente. Por ejemplo, en 7 soles, El Negro alterna su función de coyote con la de burrero al trasladar varios paquetes de cocaína en su mochila. De manera similar, en el filme María Full of Grace (2004) de Joshua Marston, una joven colombiana tiene que tragarse unos pequeños paquetes de droga para poder trasladarlos dentro de su estómago y así burlar a las autoridades de inmigración y aduanas.

En el caso de la función alambrado, se refiere al inmigrante que cruza de manera ilegal por un cerco de alambre. Cuando el coyote o el pollo cortan o brincan el cerco para cruzar a Estados Unidos, esté se transforma en un alambrado. Muchas películas, entre ellas, Alambrista (1979) de Robert M. Young y El muro de la tortilla (1982) de Alfredo B. Crevenna, hacen referencia a esta función social.

Toda esta terminología corresponde a los rasgos comunes en las regiones fronterizas que menciona Emily Hicks en su obra Border Writing: The Multidimentional Text (1991). El coyote es un personaje al cual se le atribuyen diferentes nombres en acuerdo con la región en la que se desempeña. Aunque de manera ilegítima, su función social es reconocida y necesaria para el tránsito de inmigrantes

Bajo la función *pollo*, el objetivo del indocumentado es llegar a la frontera y buscar a un buen coyote; si éste es conocido o recomendado, las posibilidades de llegar al destino serán mucho mejor. Como diría el investigador Carlos Vélez-Ibáñez[1] en el artículo periodístico "Mexican drug cartels move into human smuggling" (2008): "This used to be a family business. The coyote and the migrant were from the same town; they were connected" (1).

Bajo la función *turista*, el individuo necesita conseguir autorización legal que permita su estancia en Estados Unidos. Muchos de ellos recurren a la ilegalidad para lograrlo. Ya en el primer capítulo hablamos de cómo los *enganchadores* ayudaban a los trabajadores mexicanos a obtener permisos legales a los inmigrantes durante el segundo período mayor de la migración mexicana, al cual el historiador Albert Camarillo titula *the Bracero Era* o la Época Bracero.[2] En el caso del coyote, existen varios términos para definir su función como lo explica Spener:

> Four colloquial terms are commonly used by Mexicans to refer to the people who help migrants enter the United States surreptitiously. Two of these, *patero* and *pollero*, are specific to different regions of the border, while two others, *coyote* and *pasador*, are used border-wide. Three of the terms, coyote, patero, and pollero, are decidedly folkloric in character and merit considerable discussion. The fourth term, pasador, is rather more literal in character and, consequently, merits shorter treatment here. Moreover, today pasador is by far the least commonly used term among Mexicans. (5)

Para abundar un poco más en la explicación que nos ofrece Spener

---

1 Carlos Vélez-Ibáñez es Jefe del Departamento de Transborder Chicana/o and Latina/o Studies en la Arizona State University.

2 En 1942 da inicio un programa de trabajador huésped conocido como *Bracero Program* o Programa Bracero donde miles de mexicanos viajaron legalmente a Estados Unidos, en su mayoría, a trabajar en campos agrícolas.

podemos decir que, en la región costera de España, a los coyotes se les conoce como *cayuqueros* en referencia a que trasladan a los inmigrantes en *cayucos* o lanchas.

De manera general, la susodicha nomenclatura nos permite distinguir con precisión las funciones sociales relacionadas con el coyote. Esto es fundamental y práctico, pues como dice Michel Foucault, la disciplina viene a resolver posibles problemas:

> That is why discipline fixes; it arrests or regulates movements; it clears up confusion; it dissipates compact grouping of individuals wandering about the country in unpredictable ways; it establishes calculated distributions. (208)

Con esta observación de Foucault, podemos entender entonces que las funciones de estos individuos son divididas y jerarquizadas para lograr una mejor productividad. Estas funciones sociales están sujetas a las órdenes del coyote quien rinde cuentas a la corporación a la cual pertenece. Es decir, existe una disciplina para que el negocio del traslado de inmigrantes sea eficiente y redituable.

Es importante señalar que estas funciones adquieren nuevas dimensiones una vez que el inmigrante ha logrado cruzar al lado norteamericano. Es decir, el coyote pudiera seguir ejerciendo su poder para extorsionar, robar o maltratar al inmigrante. Sus acciones podrían llegar a calificarlo de secuestrador; sin embargo, ante la justicia norteamericana, el coyote es un individuo que se dedica al tráfico de inmigrantes indocumentados. Para poner en perspectiva las anteriores y nuevas funciones, podemos traer al caso la película *Malditos polleros*, donde un inmigrante logra salvar su vida después de ser abandonado en el desierto por los coyotes. Para vengarse de ellos, regresa a la frontera y se da cuenta que existe toda una industria del coyotaje en la frontera; es decir, toma conciencia de una cadena de personajes con funciones específicas que permiten entender el millonario negocio del tráfico de indocumentados. Por ejemplo, el inmigrante se da cuenta que hay *enganchadores* para convencer a los migrantes a que crucen de manera ilegal y analiza que hay *guías* para conducirlos por caminos no vigilados por la Patrulla Fronteriza. Asimismo, constata la sagacidad de estos individuos al darse cuenta que lo único que les importa a los coyotes es el dinero y no la vida de los indocumentados. Al final, el inmigrante en *Malditos polleros* logra reunir a los coyotes que lo cruzaron por primera vez y los ejecuta en un vecindario de la frontera.

B. La disciplina en *El Norte*

En *El Norte* observamos que las susodichas funciones se ven acentuadas cuando vemos al coyote recomendado en la ciudad de Tijuana, Baja California. Aunque al principio este personaje se abstiene de cruzarlos al lado norteamericano, al final se convence de hacerlo, pero no lo hace sin antes advertirles a los hermanos guatemaltecos que tendrán que reunir dinero para los costos del viaje. El coyote les aclara que "tendrán que hacer un gran sacrificio" para poder llegar a suelo norteamericano. Con un tinte honesto, triste y melodramático, el coyote les advierte que para poder cruzar y burlar a la migra tendrán que caminar mucho e introducirse a un túnel lleno de peligros. En este último se arrastrarán para poder avanzar hacia el lado americano y estarán expuestos a agua sucia, a líquidos de drenaje contaminados y a la presencia de roedores.

Para animarlos, el coyote les promete que al final del túnel estará allí para esperarlos y poderlos llevar a Los Ángeles, California. Los inmigrantes guatemaltecos obedecen y siguen al pie de la letra las indicaciones del coyote. Siendo una de las escenas más dramáticas de la película, se puede apreciar cómo los hermanos guatemaltecos libran varios obstáculos, entre ellos, el ataque de ratas en la tubería de drenaje. Esta escena traerá consecuencias más tarde; por ahora, tal como se los prometió, el coyote los estaba esperando del lado americano para llevarlos a su destino final. Con este episodio confirmamos que el coyote, si bien es bueno, honesto y caritativo, no deja de ser fuerte; exige obediencia y disciplina a los inmigrantes para poder lograr el objetivo deseado.

Una vez que los inmigrantes logran establecerse en Los Ángeles, California viene otra etapa de disciplina que les ayudará a desenvolverse en la sociedad norteamericana. Sosteniendo la cita de Michel Foucault, "la disciplina y el entrenamiento producen nuevos hábitos y habilidades" (95, traducción nuestra), los hermanos guatemaltecos son adiestrados por otros inmigrantes para que de esta manera puedan cumplir con sus labores dentro de los esquemas de trabajos que se ofrecen en los Estados Unidos.

C. El entrenamiento del coyote: sus manifestaciones más allá del cine

Las cualidades del coyote benévolo no están dedicadas exclusivamente a construir un personaje del género masculino y mucho menos a limitarlas a su expresión exclusiva en el cine. Sus matices han quedado acentuados en otras manifestaciones de la producción cultural, tales como, el teatro y la música. Por ejemplo, en el drama *Puente negro* (1983) de Estela Portillo Trambley, una mujer asume el papel del coyote. Este personaje lleva el nombre de Chaparra y, analizando sus acciones, podemos deducir que está entrenada para cumplir con su labor de coyote independientemente de su género. Chaparra, en vísperas de cruzar al lado norteamericano a una pareja de hermanos bailarines, a una joven y a un anciano, nos muestra su bondad al ayudarlos en todo momento, inclusive el librarlos de otros coyotes que podrían obligar a los inmigrantes a permanecer prácticamente como esclavos en los Estados Unidos tal como lo vemos en el siguiente diálogo:

> Amalia: This friend of mine said he hired dancers that's where I got his address. Narciso and I are to meet him at San Jacinto Plaza.
> Chaparra: You're in for a lot of trouble.
> Amalia: Why?
> Chaparra: Did you know he was a pimp?
> Amalia: A pimp?
> Chaparra: The most successful one around. Wears a red vest and diamonds on his pink, fat hands. His place is on the Southside. He hires dancers alright, if you don't mind dancing naked.

Amalia: Naked? (13-14)

En ese momento, Chaparra les proporciona otro contacto, quien les ofrecerá trabajos en un restaurante. El hecho de que el personaje coyote en este caso sea una mujer caritativa, no implica que su carácter sea débil; al contrario, muestra su poder en todo momento, específicamente ante los ojos de El Topo, otro coyote, que tiende a ser menos bondadoso:

> Chaparra: Now you take my boots and everybody's shoes and wash the mud off.
> El Topo: Why me?
> Chaparra: You know where the spring is.
> El Topo: The river better.
> Chaparra: Don't you dare go to the other side of the hills! La migra could spot you. (6)

En su función de coyote, Chaparra está entrenada para enfrentar los riesgos del oficio, buscar soluciones a situaciones peligrosas y mostrar su poderío. Si analizamos las cualidades internas de este personaje, podemos recurrir a Foucault quien, en *Historia de la sexualidad: el uso de los placeres* (1986), afirma al referirse a la virtud individual de un filósofo:

> Para una lucha tal, es necesario entrenarse. La metáfora de la justa, de la lucha deportiva o de la batalla no sólo sirve para delinear la naturaleza de la relación que tenemos con los deseos y con los placeres, con su fuerza siempre lista a la sedición y a la revuelta; se relaciona también con la preparación que permite sostener este enfrentamiento. (77)

Si aplicamos este concepto crítico al oficio desempeñado por Chaparra, podemos deducir que su entrenamiento le permite desenvolverse en un oficio ocupado típicamente por un personaje masculino. Foucault hace alusión a la necesidad de un entrenamiento para librar una batalla o una lucha deportiva. Nosotros podemos aludir que se requiere de un entrenamiento para ejercer como coyote y enfrentarse a los riesgos que el oficio implica.

Si hablamos de la imagen perdurable del coyote, no podemos excluir las canciones populares que describen las cualidades y acciones de este personaje fronterizo. En muchos de los casos las menciones del coyote son solamente implícitas. Por ejemplo, en la canción "Los alambrados" (1978) del grupo musical Los Bukis, se le menciona en breve:

De México habían salido,
hasta Tijuana llegaron.
Por no traer sus papeles
de alambrados se pasaron,
se cruzaron por el cerro,
su rumbo habían agarrado.

Iban rodeando veredas
como lo habían acordado.
Era de noche y por eso
la vigilancia burlaron,
y por allá en Chula Vista
dos tipos los esperaron.

La frase "dos tipos" se refiere a los coyotes; ellos esperaron a los *alambrados* del lado norteamericano para llevarlos a su destino deseado. Es decir, los coyotes les dieron órdenes específicas a los inmigrantes para burlar la vigilancia.

La parte de la canción que dice "[i]ban rodeando veredas/como lo habían acordado", nos indica que los indocumentados fueron entrenados por los coyotes para que pudieran evadir a las autoridades. Ese entrenamiento alude a las observaciones de Michel Foucault con relación a la disciplina y a la obediencia:

Discipline may be identified neither with an institution nor with an apparatus; it is a type of power, a modality for its exercise, comprising a whole set of instruments, techniques, procedures, levels of application, targets; it is a physics or an anatomy of power, a technology. (206)

Es decir, los coyotes ejercen el poder al establecer una disciplina para cruzar la frontera: les ordenaron a los inmigrantes cruzar de noche, rodear veredas y burlar la vigilancia antes de reunirse otra vez con los dos coyotes en Chula Vista, California. Podemos apreciar que los indocumentados cumplieron las órdenes y llegaron con éxito a su destino deseado. Constata eso la estrofa final de la canción cuando dice: "ahora ya andan en Chicago/con dólares se divierten", aludiendo así a un final feliz para los protagonistas de esta canción.

D. El coyote benévolo en el corrido "Tres veces mojado"

Las acciones del coyote benévolo han quedado registradas también vía el corrido, donde típicamente se glorifica o denuncia una experiencia o situación, o a un individuo involucrado en un determinado contexto social. Sobre esta manifestación de la música regional mexicana, Elijah Wald afirma, en su estudio *Narcocorrido: un viaje al mundo de la música de las drogas, armas y guerrilleros* (2001), que "durante los años 80 muchos de los héroes de los corridos habían sido fugitivos fronterizos. La letra era poética y sencilla, pero conmovedora y fuerte" (6).

Un ejemplo es el tema "Tres veces mojado" del grupo musical Los Tigres del Norte, donde no únicamente se hace alusión al coyote benévolo y sus cualidades caritativas, sino también a la situación de los inmigrantes que provienen de países centroamericanos:

Cuando me vine de mi tierra El Salvador
con la intención de llegar a Estados Unidos,
sabía que necesitaría más que valor;
sabía que a lo mejor quedaba en el camino.

Son tres fronteras las que tuve que cruzar:
por tres países anduve indocumentado.

Tres veces tuve yo la vida que arriesgar;
por eso, dicen que soy tres veces mojado.

Por Arizona me dijeron cruzarás
y que me aviento por en medio del desierto;
por suerte, un mexicano al que llamaban Juan
me dio la mano que si no estuviera muerto.

En la segunda estrofa de arriba podemos apreciar que la aventura de este inmigrante salvadoreño adquiere mayores dimensiones puesto que tiene que cruzar las fronteras de tres países. En la tercera estrofa, los versos "por suerte un mexicano al que llamaban Juan/me dio la mano que si no estuviera muerto", aluden a un coyote benévolo, quien no sólo le salvó al narrador la vida, sino que lo ayudó a cruzar de manera ilegal por el desierto. El corrido "Tres veces mojado" fue tan popular que dio paso a la realización de una película estelarizada por los integrantes de Los Tigres del Norte y el reconocido actor mexicano Mario Almada: *Tres veces mojado* (1989) del director José Luis Urquieta.

A diferencia del filme *El Norte*, *Tres veces mojado* examina con mayor detenimiento la inmigración geográfica y temporal de centroamericanos por México y las adversidades que sufren antes de llegar a la frontera México-Estados Unidos. Al tomar en cuenta las repetidas alusiones al coyote, podemos afirmar que sus cualidades son difundidas con frecuencia vía las diferentes producciones culturales.

E. El Negro es blanco por dentro: el coyote de *7 soles*

Desde las primeras escenas de la película *7 soles*, el espectador puede apreciar que algo pasa en la mente de El Negro, el coyote encargado de trasladar a un grupo de inmigrantes indocumentados al lado estadounidense de la línea. El Negro, protagonizado por el actor Gustavo Sánchez Parra, está a punto de hacer su último viaje y no deja de pensar en la posibilidad de abandonar el oficio y vivir en la legalidad. Para lograrlo, tendrá que pagar un alto precio. Se presenta así la ambivalencia como parte de su estructura como personaje. El viaje de siete días le permite a El Negro evaluar su condición de vida, ayudar a los inmigrantes, someterlos si es necesario, y vencer un sinnúmero de obstáculos para llegar al destino propuesto. Como coyote profesional, El Negro enfrenta una catarsis en medio del desierto.

La situación que se le presenta a El Negro no es nada fácil: su carácter benévolo confronta la brutalidad del oficio. Vía el desenvolvimiento de la situación, Pedro Ultreras, guionista y director de la película, logra que el espectador pueda visualizar al coyote como un nuevo paradigma. Por dentro, El Negro es un coyote benévolo y, en tal caso, sus jefes sospechan de él. Por otro lado, una noche viola a una mujer del grupo de indocumentados y comete varios actos violentos para justificar su control y poderío. Su carácter benévolo y sus actos violentos, en parte, integran la ambivalencia a su estructura fronteriza.

En el presente viaje los jefes corporativos del coyote están de por medio y mandan a El Gavilán, un subalterno, a vigilarlo. El desenvolvimiento de la jerarquía y la vigilancia intencionada marcan nuevamente los conceptos críticos de disciplina y según Michel Foucault: "the success of disciplinary power derives no doubt from the use of simple instruments: hierarchical observation, normalizing judgment, and their combination in a procedure that is specific to it, the examination" (188). Por otro lado, el viaje y sus adversidades ponen a prueba la disciplina y la pedida obediencia como ejercidas por El Negro. La intensa travesía se prolonga siete días durante la cual los coyotes se traicionan y pierden parte de su carga humana. Al final, El Negro no sólo logra liberar a los inmigrantes que habían sido sometidos por El Gavilán, sino que cumple la promesa de llevar a una niña pequeña sana y salva hasta Chicago. En base a tales acciones benévolas, El Negro logra reivindicarse con la sociedad y, lo más importante, con sí mismo. Sin embargo, las acciones violentas marcan el elemento de ambivalencia. Como personaje, El Negro muestra nuevos matices y aptitudes personales, ampliando así la estructura del coyote para películas venideras.[3]

---

3 La coproducción México-estadunidense representa la ópera prima del director y guionista Pedro Ultreras. Tuvo su estreno en los Estados Unidos como parte de...>

F. Estereotipos y estructura del personaje del coyote a través de los años y las nuevas perspectivas en *El Norte* y *7 soles*

Tanto en la literatura como en el cine, las cualidades del coyote, de manera similar a otros personajes, han sido estructuradas a través del tiempo para forjar una figura cargada de valores negativos. Sus características incluyen la violencia, la corrupción y otras cualidades estereotípicas que Hollywood ha asignado a los roles latinos. En el ensayo "Stereotyping in Films in General and of the Hispanic in Particular" (1998), Charles Ramírez Berg afirma que, históricamente, existen seis estereotipos básicos asignados a los hispanos en el cine: el bandido, el latin lover, el bufón, la dama oscura, la prostituta y la *female clown* o payasa. De todos ellos, el estereotipo del bandido es el que se puede asociar directamente con el personaje del coyote:

> His roots go back to the villains of the silent greaser films and he continued to appear in many westerns. Typically he is treacherous, shifty, and dishonest. His reactions are emotional, irrational and usually violent. He is driven to satisfy base craving: money, power and sexual pleasure. (113)

Estas características quedan ampliamente asentadas en 1949 vía el filme *Border Incident*, y han servido como base para la construcción del personaje el coyote en *El Norte* y *7 soles*.

Ramírez Berg afirma que por décadas los susodichos estereotipos no han cambiado mucho. Sin embargo, a los coyotes se les han atribuido nuevas cualidades que han venido a reforzar un rol estereotípico dentro de las historias que se proyectan en el cine. En *7 soles*, por ejemplo, El Negro es un coyote que está a la corriente con la tecnología y que depende de radios y celulares para efectuar su labor. Asimismo, su trabajo requiere de mayor conocimiento geográfico para el traslado de los inmigrantes. Otra manifestación poco frecuente respecto este

---

la selección oficial del Festival Internacional de Cine Latino de Nueva York 2008. Asimismo, la cinta ha participado en otros importantes festivales, entre ellos, el Festival de Málaga, España.

personaje surge durante la travesía por el desierto donde inicia una amistad con una mujer del grupo de los inmigrantes. A ella El Negro le cuenta cosas personales ciertas y menciona constantemente a su novia con la cual quiere formar una familia. Aquí vemos que los momentos benévolos del coyote se manifiestan cuando piensa en la posibilidad de casarse y llevar una vida libre de situaciones delictuosas.

Sin bien es cierto que los estereotipos básicos han prevalecido por varias décadas, es importante señalar que las nuevas manifestaciones, como El Negro en *7 soles*, han venido a cambiar la imagen del personaje el coyote. Ramírez Berg propone que los estereotipos no únicamente son aplicados en el cine, sino continuamente revisados:

> The object of the game is not simple spotting stereotypes, but analyzing the system that endorse them. Once the minority representations are seen and understood for what they are, the visible architecture of the dominant-dominated arrangement is exposed and there is a chance for a structural rearrangement. (116)

Es importante entonces señalar la evolución que ha tenido el coyote a través de los años, específicamente cuando se analiza su presencia en los filmes del género el inmigrante.

En *7 soles* podemos apreciar que el coyote está dotado del estereotipo del bandido. Por otro lado, observamos también que su personalidad exhibe nuevos matices tales como el compartir sentimientos personales y las acciones humanitarias. En ese sentido podemos deducir que Pedro Ultreras, el director de la película, ha rebasado las expectativas hollywoodenses y propone una reestructuración de las cualidades del coyote tal como lo sugiere Ramírez Berg para otros estereotipos.

Esta propuesta no es fácil de aceptar. Los estereotipos en el cine son generados y reproducidos constantemente y muchos de ellos han quedado muy marcados desde hace varias décadas, inclusive; podemos decir que los estereotipos negativos de los latinos en el cine quedaron establecidos desde 1894, cuando surgió el filme *Pedro Esquirel and*

Dionecio Gonzales — Mexican Duel.[4] Según el estudio *Brown Celluloid: Latino/a Film Icons and Images in the Hollywood Film Industry* (2003), del investigador Frank Javier García Berumen, esa fue la primera película estadounidense que presentó a actores latinos. La tarea de reestructurar los personajes latinos en el cine el inmigrante se torna muy difícil cuando tenemos en cuenta las diversas posiciones de la sociedad ante el tema de la inmigración indocumentada:

> Consider the implications of the term in general usage today, "illegal alien", which offers a baseline understanding of Latino immigrants as criminals (rather than as people who have migrated here for a complex set of historical, political, and economic reasons, some of which involve U.S. business interests). In the cinema, the fact that Hispanics are depicted as variations of bandits and buffoons, whores, Latin lovers, and dark ladies defines them first and foremost outside the mainstream. (Ramírez-Berg 22)

Es decir, Ramírez Berg afirma que los estereotipos tienen grandes efectos psicológicos y se pueden convertir en tipos verdaderos.

Sin lugar a dudas, los estereotipos que aparecen en algunas películas afectan directamente a los inmigrantes y a los ciudadanos hispanos, porque de alguna manera el espectador consciente o inconscientemente concede cierto grado de veracidad a lo que ha visto o se ha dicho en la película. No debemos olvidar que los estereotipos van más allá de la descripción de un personaje: se emplean también para definir la dinámica de una región específica como es el caso de la frontera México-Estados Unidos. Sobre este tema la investigadora Norma Iglesias Prieto observa:

La frontera como espacio narrativo multiplica la capacidad

---

4 En la película *Pedro Esquirel and Dionecio Gonzales — Mexican Duel* (1894), dirigida por W.K.L. Dickson, dos hombres se enfrentaban en un duelo a cuchilladas. Deducimos que esta imagen del mexicano violento fue, desde entonces, el primer estereotipo impuesto por el cine norteamericano.

espectacular del cine a través del desarrollo de temas emocionalmente fuertes, del uso de los géneros de acción y melodrama y, además, el mismo carácter espectacular de la región, comúnmente se asocia al escándalo. (1)

Como mencionado en el capítulo II, algunas producciones cinematográficas han sido etiquetadas como fronterizas. En consecuencia, la representación asociada con la migración hacia Estados Unidos, el tráfico de inmigrantes indocumentados, el narcotráfico y otras actividades ilícitas vienen a reforzar los estereotipos del coyote.

Para ir más allá de los estereotipos mencionados por Iglesias Prieto y Ramírez Berg, bien podríamos describir al coyote benévolo usando la siguiente gráfica que muestra algunas de sus cualidades en común:

Cualidades comunes del coyote benévolo

Recomendado	Típicamente es familiar del pollo o una persona conocida por su historial en el cruce de indocumentados; es una persona de fiar.
Experto	Tiene conocimientos geográficos en la frontera y conexiones con gente clave para facilitar el cruce de indocumentados.
Busca redención	Hace el bien para reivindicarse con la sociedad.
Armado y peligroso	Por lo regular, porta armas para defenderse o demostrar su poderío, pero su nobleza no habrá de confundirse con la flaqueza.

Esta gráfica nos ayuda a entender con mayor claridad la conducta del coyote benévolo.

De su conducta, las cualidades se mantienen consistentes pese a la adversidad. La cualidad de *recomendado* es notable en *El Norte* y *7 soles*, pero la podemos apreciar también en recientes producciones cinematográficas como *Sleep Dealer* (2009) de Alex Rivera. En esta película futurista vemos a un coyote recomendado para conseguir trabajos virtuales a los inmigrantes sin que éstos tengan que cruzar la frontera. El coyote experto ha mostrado su sabiduría del terreno que cruzan en *El Norte*, *El bracero del año* (1964) de Rafael Baledón y *My Family* (1995) de Gregory Nava. Por ejemplo, en *El Norte*, el coyote experto, que además es recomendado, da instrucciones específicas a dos hermanos guatemaltecos de sobre cómo cruzar por una zona inhóspita de California. La búsqueda de *redención* queda acentuada tanto en *7 soles* como en *Frozen River* (2008) de Courtney Hunt. En esta última, dos mujeres canadienses cruzan a inmigrantes orientales por la reserva indígena Mohawk entre Canadá y Estados Unidos. En una de las escenas Ray, una de los coyotes que busca reivindicarse con la sociedad después de cometer actividades ilícitas, arriesga su integridad al devolverse por un recién nacido que quedó tirado en el inhóspito y frío terreno de dicha reserva indígena. Con éste último ejemplo se refuerza el argumento al decir que la explotación de las cualidades del coyote benévolo se amplía a otros espacios fronterizos, inclusive más allá de la frontera México-Estados Unidos. La benevolencia de los coyotes no mitiga su peligrosidad. Las adversidades que enfrentan los coyotes obligan a que éstos anden siempre armados. En *7 soles* vemos que El Negro está armado aún cuando realiza acciones positivas. Lo mismo ocurre con los coyotes de *Frozen River* y *El muro de la tortilla* (1982) de Alfredo B. Crevenna. En ésta uno de los coyotes lleva una fundidora de gas portátil para derretir el alambre del cerco fronterizo o enfrentar cualquier adversidad.

En general, las típicas cualidades del coyote benévolo permiten rebasar el estereotipo tradicional de este personaje. Por ende, estas nuevas cualidades son fundamentales para entender su función social, su poderío y su representación en las películas.

G. El *trickster*, entre la mitología y la realidad

Ya en el capítulo II se había citado al *trickster* o engañador como una figura de la mitología que engaña a sus víctimas para llevar a cabo sus fechorías. Si hablamos específicamente de la mitología en el suroeste de los Estados Unidos, Claude Leví-Strauss diría que, representado por un coyote o un cuervo, el *trickster* "es un mediador y ello permite explicar la característica ambivalencia de este personaje, puesto que él conserva la dualidad que por función tiene que superar". (204-205)

En el caso de *7 soles*, observamos que, al principio y al final de la película, El Gavilán, con su astucia de enganchador, convence a un grupo de inmigrantes a cruzar la frontera por cierta cantidad de dinero. Les afirma que el cruce es fácil y que no tendrán que caminar por mucho tiempo para llegar a su destino. Los inmigrantes recién llegados a una central camionera de Nogales, Sonora, acceden a la propuesta de El Gavilán sin saber que tal decisión los podrá llevar a su muerte. Estas tácticas de engaños son similares a las que utiliza el *trickster* en los cuentos del suroeste de los Estados Unidos. Por ejemplo, en el relato "The coyote" (2001) de Allan A. Macfarian, se narra la historia de Zorro que, para evitar ser devorado por Coyote, lo engaña continuamente con sus historias:

> "No coyote friend," answered the Little Blue Fox, "don't eat me up! I am here guarding these chickens, for there is a wedding in yonder house, which is my master's, and these chickens are for the wedding dinner. Soon they will come for the chickens, and they will invite me to the dinner, and you can come also." "Well", said the Coyote, "if that is so, I will not eat you, but will help you watch the chickens". So he lay down beside him. (134)

La historia de arriba narra la astucia del personaje *trickster*. Los rasgos del Zorro son parecidos a las cualidades del coyote en *7 soles*. Es decir, le propone un sencillo plan a los pollos, pero más tarde éstos se darán cuenta que la situación es más complicada de lo que parece. Si atribuimos las características mitológicas del *trickster* a un traficante de inmigrantes, nos damos cuenta que los estereotipos asociados al coyote y al *trickster* son muy semejantes entre sí.

En el caso de *El Norte*, podemos observar las características del *trickster* cuando un astuto coyote logra engañar a los hermanos guatemaltecos a cruzar la frontera por una desolada área de Tijuana,

Baja California. Al principio el coyote los defiende de un grupo que los hostiga, pero más tarde, con promesas falsas, les hace creer que los llevará a Estados Unidos; irónicamente, al llegar a ese mismo lugar se aprovecha para intentar robarles su dinero.

Si bien es cierto que la conducta del *trickster* se expresa en la ambivalencia en el coyote benévolo, la vemos en la película *Born in East L.A.* (1987) de Cheech Marín, cuando Rudy es deportado a Tijuana donde conoce a Jimmy, un enganchador. Éste le promete cruzarlo a Estados Unidos siempre y cuando reúna cierta cantidad de dinero. Jimmy explota a Rudy al máximo, pero lo ayuda a sobrevivir en esa ciudad. Al final se hacen amigos. Sin embargo, esto no impide que Rudy le deba pagar su cuota de traslado a Estados Unidos.

Anteriormente se describió por medio de una gráfica las cualidades comunes del coyote benévolo. En la siguiente pretendo señalar ciertas cualidades que nos permiten comprender la estructura del coyote ambivalente:

Cualidades del coyote ambivalente

Recomendado	Típicamente es familiar del pollo o una persona conocida por su historial en el cruce de indocumentados; es una persona de fiar.
Experto	Tiene conocimientos geográficos en la frontera y conexiones con gente clave para facilitar el cruce de indocumentados.
Busca redención	Hace el bien para reivindicarse con la sociedad.
Armado y peligroso	Por lo regular, porta armas para defenderse o demostrar su poderío, pero su nobleza no habrá de confundirse con la flaqueza.
Ambicioso	Busca oportunidades de obtener ganancias extras sin medir las consecuencias.
Despiadado	Suele mostrar comportamientos violentos sobre todo en situaciones inesperadas.

Es decir, el coyote benévolo sufre una mutación para convertirse en un coyote ambivalente cuando se manifiestan las cualidades de *ambicioso* y *despiadado*.

Su estructura cargada de valores positivos y negativos sale a flote en situaciones inesperadas, como lo menciona el antropólogo fronterizo Alonso Meneses[5]: "esto habla de un actor social heterogéneo e inestable, pues no se puede saber si es un coyote de fiar o no" (1). Esta combinación de cualidades representa un recurso fílmico que vemos en *El Norte* y *7 soles*. Si comparamos las cualidades del coyote ambivalente con los atributos del *trickster*, podemos concluir que la estructura de aquél se asemeja a la del *trickster*: [he] "has no control. He knows neither good or evil yet he is responsible for both" (Ryan 7).

Conclusión

En este capítulo quedan señaladas algunas nuevas cualidades y manifestaciones del personaje el coyote en las películas *El Norte* y *7 soles*. Analizamos las principales cualidades que constituyen la estructura del personaje el coyote benévolo, las cuales se manifiestan específicamente en estas dos producciones cinematográficas. Para sustentar los argumentos analizamos otras importantes producciones cinematográficas e, inclusive, obras de teatro, canciones y corridos producidos durante los cuatro principales períodos de la migración de mexicanos hacia Estados Unidos (Camarillo 15) y el nuevo quinto período que hemos sugerido en el capítulo I.

A través de los años, hemos visto la evolución del coyote hacia una estructura general y, más recientemente, el surgimiento de nuevas cualidades. Para comprender mejor su papel cinematográfico dentro del género el inmigrante, hemos aplicado los conceptos relaciones de poder, función social, estereotipo y *trickster*. Con este análisis recalcamos las nuevas cualidades y elementos asociados al coyote. Esto nos permite estudiar ampliamente la imagen de este personaje central

---

5   Guillermo Alonso Meneses es miembro del Departamento de Estudios de Población de el Colegio de la Frontera Norte (conocido como El Colef).

en las producciones de cine donde se trabaja el género el inmigrante. El coyote benévolo exhibe ahora también cualidades ambivalentes y expande de manera versátil su rol en las nuevas producciones cinematográficas. Por último, podemos decir que el coyote benévolo no se puede explicar sin su polo opuesto: el coyote malévolo. Las cualidades de éste quedarán asentadas en el siguiente capítulo cuyo propósito es entender con claridad el rol del coyote como personaje en la película *Arizona: tragedia en el desierto* (1984) de Fernando Durán y otras producciones cinematográficas.

Capítulo IV

Las múltiples facetas del coyote malévolo en la película
Arizona: tragedia en el desierto

Las películas, en cierta forma, nos muestran fragmentos de la realidad y, sobre todo, sus personajes están impregnados de estereotipos[1] "que el espectador llega a creer" (Ramírez Berg 17). Tales estereotipos contribuyen a las diferentes manifestaciones del coyote o traficante de inmigrantes indocumentados. Sobre la continuidad de los estereotipos, el investigador David Maciel dice que "una vez que los estereotipos se institucionalizan y se repiten continuamente, influyen también sobre sus víctimas quienes los empiezan a aceptar también como una realidad" (18). Concordamos con Maciel puesto que, con ciertas obras cinematográficas, queda claro que el coyote como personaje ha pasado a ser un rol típico en este tipo de producciones cinematográficas, pero a la vez, sus acciones perpetúan los estereotipos de los hispanos en el cine y en la sociedad. Deteniéndonos un poco en la evolución del personaje el coyote en el cine mexicano, chicano y angloamericano, podemos observar que esta figura es un personaje sanguinario e inteligente, pero sobre todo malévolo. En la película *Arizona: tragedia en el desierto* (1984) de Fernando Durán, podemos encontrar diversas representaciones del coyote malévolo, cuyo principal objetivo es explotar al inmigrante que intenta llegar a territorio norteamericano.

---

1 Para Charles Ramírez Berg existe un proceso para determinar la palabra *estereotipo* "stereotyping in the negative and derogatory way the term is usually applied can be represented thus: category making + ethnocentrism + prejudice= stereotyping. A stereotype is the result of this process and can be defined as a negative generalization used by an in-group (Us) about an out-group (Them). Walter Lippmann called these mental constructs "pictures in our head". (15)

Su meta se cumple al poner en práctica una fórmula siniestra: ejerce su oficio con inteligencia, audacia y violencia. La construcción de este personaje malévolo ha quedado cimentada en importantes producciones cinematográficas, tales como, *Border Incident* (1949) de Anthony Mann y *Espaldas mojadas* (1953) de Alejandro Galindo, pero sin lugar a dudas, *Arizona: tragedia en el desierto* es el filme que ha matizado las cualidades esenciales de este personaje. No debemos olvidar asimismo que tales cualidades malévolas se ven reforzadas con las cualidades del coyote ambivalente. Es por ello que analizamos dichas acciones presentadas en la película *7 soles* (2008) de Pedro Ultreras. Como vimos en el capítulo III, El Negro es un coyote que presenta cualidades ambivalentes, las cuales nos ayudan a entender con mayor claridad la conducta del coyote malévolo.

A. Funciones del coyote malévolo

Para entender la relación entre coyotes e inmigrantes debemos de reconocer que la frontera es un espacio donde se generan ciertas relaciones sociales, como lo explica Rosa Linda Fregoso en el texto *The Bronce Screen: Chicana and Chicano Film Culture* (1993): "In the writing of cultural critics, the concept of border draws attention to the historically and socially constructed borders and spaces we inherit and that frame our discourses and social relations" (66). Las relaciones sociales, a las que Fregoso se refiere, permiten una interacción de estos personajes en la cual se establece un mutuo acuerdo para efectuar ciertos servicios; por ejemplo, el traslado de los inmigrantes al lado norteamericano depende de la inteligencia y la audacia que desempeñan el guía y los coyotes. Tales cualidades se deben a su conocimiento del territorio, tanto de Estados Unidos como de México, y a su experiencia de vivir y trabajar en esta compleja región.

Sobre la experiencia bicultural de los coyotes, Emily Hicks afirma en *Border Writing* (1991) que "sus vidas dependen de su habilidad de sobrevivir en medio de dos culturas" (xxv; traducción nuestra). Con eso en mente, podemos constar que los coyotes tienen ciertas cualidades especiales que les permiten desarrollar su oficio con mayor facilidad. Lo vemos en *Arizona: tragedia en el desierto* y *7 soles*.

Ya en el capítulo anterior, vimos en *El Norte* y *7 soles*, las cualidades del coyote benévolo. Para compararlas con las del coyote malévolo, analicemos ahora las de *Arizona: tragedia en el desierto* en la siguiente gráfica:

Cualidades comunes del coyote malévolo

Experto	Tiene conocimientos geográficos en la frontera y conexiones con gente clave para facilitar el cruce de indocumentados.
Armado y peligroso	En general, porta armas para defenderse o demostrar su poderío, pero su nobleza no habrá de confundirse con la flaqueza.
Audaz	Es ventajoso y oportunista para incrementar sus ganancias.
Violento	Utiliza la violencia para demostrar su poderío y controlar situaciones adversas.
Trickster o engañador	Se vale de mentiras y artimañas para engañar a sus víctimas.

En la susodicha gráfica de las cualidades del coyote malévolo, podemos observar que las cualidades de *experto* y *armado* y *peligroso* existen también en la gráfica de las cualidades del coyote benévolo del capítulo anterior. Son cualidades híbridas que permiten entender el desempeño del coyote como lo explicamos más adelante en este capítulo.

B. La fórmula siniestra

Cuando analizamos al coyote como una persona malévola dentro de la sociedad, no podemos dejar de prescindir que aquél cumple una función social dentro de la compleja situación que se vive en la frontera entre México y los Estados Unidos. En el cine, tal realidad fronteriza se refleja sobretodo en los filmes del género el inmigrante. Vemos que el coyote es un personaje típicamente antagónico porque sus intereses son diferentes a los de los inmigrantes que intentan cruzar la frontera. Su oficio depende del ejercicio de acciones deshonestas y, de ser necesario, los coyotes recurren a la violencia para lograr sus objetivos. Sus funciones están penadas por la justicia, orillándolos a operar en la clandestinidad. Aún así, las ejercen y es allí donde podemos apreciar que su función social está condicionada a cualidades como la inteligencia, la audacia y la violencia.

A ese punto sería prudente mencionar la gráfica: "Funciones sociales relacionadas con el tráfico de inmigrantes" del capítulo III (véase la página 60), la cual nos permite reconocer ampliamente las acciones de los coyotes como actores sociales en la frontera y agregar otras funciones que ejecuta el coyote malévolo:

Funciones sociales relacionadas con el tráfico de inmigrantes

Pollo	Proviene de México o Latinoamérica. Es de clase obrera desempleada.
Coyote	Proviene de clase media y alta (en acuerdo a la corporación a la que pertenece).
Migra	Se refiere a agentes de inmigración estadounidenses y típicamente, pertenecen a la clase media.
Turista	Es un visitante autorizado procedente de las clases media y alta.
Enganchador	Trabaja en las estaciones de autobuses, los restaurantes y otros lugares públicos. Es de clase media y baja.
Guía	Proviene de la clase media y baja. Asiste al coyote en el traslado de los inmigrantes.
Burrero	Es alguien que trafica droga. Proviene de México o Latinoamérica. Es de clase obrera y, en muchos casos, son menores de edad.
Alambrado	Es alguien que cruza de manera ilegal por un cerco de alambre.

Como podemos observar, se agrega la función *bajador,* que típicamente sirve para describir a los individuos que roban a los inmigrantes una vez que han cruzado la frontera. La mayoría de las veces se trata de los mismos coyotes. En una de las escenas de *Arizona: tragedia en el desierto,* los coyotes aprovechan la oscuridad de la noche para robarles las maletas a los inmigrantes. Una vez que las tienen en su poder, ordenan a unos de sus cómplices a venderlas para incrementar las ganancias.

C. De coyote a *bajador*

El caso de las maletas es sólo un ejemplo de las diversas situaciones en que los coyotes se aprovechan de la vulnerabilidad de los inmigrantes. La función bajador en los últimos años ha adquirido nuevos matices, ya que se le vincula también con la extorsión y el secuestro de los inmigrantes. Así lo afirma el sociólogo David Spener en su ensayo "Some Reflections on the Language of Clandestine Migration on the Mexico-U.S. Border" (2009):

> A particularly malevolent variation on the role played by "traffickers" on the U.S.-Mexico border has been the emergence of what U.S. law enforcement authorities have referred to as rip-off crews and are known in Spanish as *bajadores.* These gangs dedicate themselves to the armed kidnapping of groups of migrants being transported by "smugglers" in order to extort the migrants' families for ransoms that may exceed the amount that they expected to pay to the "smugglers." This violent crime of opportunity takes advantage of the fact that migrants do not usually pay the full amount charged for their transport until they arrive in their final U.S. destination. (3)

Si analizamos los frecuentes casos de robos, extorsiones y secuestros en Arizona, podemos apreciar que la función bajador ha cobrado mayor relevancia en la última década. Estos casos han aumentado a tal grado que se generan, inclusive, en zonas urbanas y altamente pobladas. Phoenix es una de esas ciudades que ha visto un incremento en este tipo de casos. Como lo menciona el periodista Daniel González del diario *The Arizona Republic* en su artículo "Attacks on smugglers puzzle feds" (2007), es común que los delitos de robos cometidos por los coyote se transformen en secuestros:

> The bajadores, or downloaders, conduct surveillance on smugglers transporting illegal immigrants to Phoenix and then kidnap the immigrants and sometimes the smugglers. The bajadores force hostages to call friends, relatives or bosses to pay for their release. Bajadores typically charge $1,500 to $2,500 for the release of a migrant and $10,000 to $50,000 for a smuggler. (1)

Ante esta dinámica, podemos decir que las extorsiones excesivas y el robo de mercancía es uno de los nuevos actos de los coyotes. Lo que típicamente ocurría en áreas inhóspitas, zonas rurales o carreteras, ahora sucede en sectores densamente poblados. En ocasiones lo que comienza como un intercambio de balas entre dos vehículos en movimiento, resulta ser un intento de robo entre coyotes. Para ellos, la mercancía lo amerita.

D. El dominio de los coyotes en *Border Incident*

Si volvemos al pasado para analizar algunas producciones cinematográficas que reflejan las cualidades malévolas de un coyote transformado en bajador, bien podemos recurrir a la película *Border Incident* que apareció por primera vez en 1949 y que fue protagonizada por el actor Ricardo Montalbán. En esta cinta se aprecia la intervención de las autoridades federales de México y Estados Unidos[2] para denunciar y combatir el barbarismo de los coyotes durante la primera etapa del *Bracero Program* o Programa Bracero en 1942. Como apuntamos anteriormente, con la voz de un narrador, los primeros minutos de la película son dedicados a la descripción del Programa Bracero y a la

---

2 Al inicio de *Arizona: tragedia en el desierto* existe también una narración donde se explica la dinámica fronteriza entre México y Guatemala a mediados de los 80.

explicación geográfica de la región fronteriza ubicada entre México y Estados Unidos. Debido a que cientos de inmigrantes no calificaban para ser partícipes del Programa Bracero, su única opción era cruzar a Estados Unidos de manera ilegal por una peligrosa zona conocida como el Cañón de la Muerte en el área de la ciudad fronteriza de Mexicali, Baja California. El accidentado relieve de esa región facilita que los inmigrantes constantemente sean robados y hasta asesinados por los coyotes.

Vemos en *Border Incident* que los coyotes ejercen control sobre los inmigrantes. Tal manifestación de disciplina la notaría Michel Foucault en el ensayo "Power and knowledge" como un método para controlar y ejercer el poder: "it's aimed to establish presences and absences, to know where and how to locate individuals" (95). Ya mencionaba anteriormente, la noción de horarios y movimientos programados de la gente es un elemento utilizado para ejercer el poder sobre los inmigrantes. Ese sistema es efectivo si evaluamos los procedimientos de los coyotes al efectuar sus labores. Para ello, existen tareas asignadas al grupo de colaboradores del coyote las cuales describe Foucault como "functional distribution of activities" (96). Estas actividades fueron analizadas en el capítulo anterior.

La película *Border Incident* es presentada en formato de blanco y negro y se le considera como parte del genero *noir* o negro debido a que en las múltiples escenas prevalece la esencia de la noche cuando se llevan a cabo los delitos en el Cañón de la Muerte.[3] Para resolver la ola de violencia en la frontera, varios agentes encubiertos de México y Estados Unidos se unen para desmantelar a la red de coyotes y rancheros que cruzan a braceros sin documentos para trabajar en campos agrícolas. Cuchillo y Zopilote son los nombres de los coyotes en esta película. Son sanguinarios y su astucia la demuestran varias veces. Aunque su trabajo es ejecutar las órdenes de los contratistas que manejan la mano de obra (legal e ilegal) en los campos agrícolas de California, ellos en ocasiones operan por su propia cuenta: asaltan y extorsionan a los inmigrantes indocumentados para incrementar sus ganancias.

---

3 Situado en las cercanías de Mexicali, Baja California Norte y el sur de California.

Aquí es importante hacer hincapié en la función social del coyote mencionada por Víctor Clark Alfaro: "son un mal necesario y la demanda por sus servicios supera la oferta" (1). Por un lado, los coyotes pueden ser considerados como los sujetos responsables del traslado de los inmigrantes que buscan una vida mejor; por otro, son también los delincuentes que roban, matan y humillan a los inmigrantes que confían en ellos. Es decir, cumplen una función social dual de la cual sacan la mayor ventaja posible de los necesitados. En *Border Incident* los inmigrantes pagan un alto precio por su traslado a Estados Unidos, inclusive, con su propia vida.

En *Border Incident* es notable la forma inhumana que utilizan los coyotes para cruzar a los indocumentados. En varias escenas surge la cualidad de violento que mencionamos en las gráficas anteriores (véanse las páginas 83 y 84). Por ejemplo, una vez que los migrantes logran tener trabajo, son forzados a cumplir jornadas de 10 horas diarias y pagadas a 25 centavos de dólar cada una. Las injusticias laborales se notan en todo momento, las condiciones de higiene son deplorables y no se deja fuera que se les cobra la comida y otras cuotas. Finalmente, se puede apreciar una constante vigilancia por parte de los contratistas sobre los indocumentados. Se pudiera decir que esta dinámica cae en una especie de esclavitud condicionada. Sobre el acecho constante de los vigilantes, Foucault diría que esta acción se lleva a cabo con el propósito de "supervisar la conducta de los individuos, para evaluarla, para juzgarla, para calcular sus cualidades y sus meritos. Es un proceso determinado para saber" (95).

Para los críticos, *Border Incident* es un típico filme gubernamental donde al inicio se presenta la historia con un carácter de documental y ofrece la perspectiva de una sociedad organizada. Después las fuerzas malignas entran en acción para romper con la estabilidad. De esa manera, las autoridades se ven obligadas a entrar en acción para presentar un plan de solución y atrapar a los responsables. Respecto el efecto de este estudio, podemos decir que *Border Incident* es un filme que viene a codificar las iniciales cualidades malévolas del coyote. A seis décadas de su realización, podemos decir que su trama ha sido el modelo para las producciones cinematográficas que fomentan la imagen del coyote.

E. Funciones sociales de los coyotes en *Espaldas mojadas*

En 1953, poco después de la realización de *Border Incident*, aparece en México la película *Espaldas mojadas* de Alejandro Galindo, que también aborda el tema del Programa Bracero, la inmigración indocumentada hacia Estados Unidos y las maléficas acciones de los coyotes. Aunque gobierno mexicano censura la película unos dos años reclamando que atenta contra a las relaciones establecidas entre ambos gobiernos, *Espaldas mojadas*, logró finalmente salir a la luz y denunciar las atrocidades de los coyotes e inclusive de los agentes de la Patrulla Fronteriza. En la película, un inmigrante mexicano llamado Rafael recurre a cruzar la frontera de manera ilegal con la ayuda de un coyote después de que había hecho fallidos intentos de ser contratado bajo el Programa Bracero. Después de experimentar injusticias y discriminación racial en los lugares donde trabaja, Rafael emprende su regreso al sur, aunque poco antes de eso es perseguido por uno de sus ex supervisores y las autoridades norteamericanas. Durante su fuga hacia el sur, Rafael conoce a una joven mujer chicana quien lo ayuda a esconderse. El momento más dramático de la película ocurre cuando, luego de ser confundido por un inmigrante indocumentado, el supervisor muere a la mitad del Río Bravo.

Para la investigadora Claire F. Fox, *Espaldas mojadas* es una historia de traición, redención y romance que se desarrolla entre Rafael y María durante la época del Programa Bracero. En su obra *The Fence and the River: Culture and Politics at the U.S.-Mexico Border* (1999), Fox señala que, entre otras cosas, esta película tiene características sobre la identidad, el bilingüismo y la discriminación de esa época: "The plot is not unlike that of *Murieron a mitad del río* (una novela mexicana). This time the bracero falls in love with a Chicana who saves him from spiritual death" (107)[4]. Sin embargo, es importante señalar otras imágenes que serán utilizadas más adelante en otras obras cinematográficas. Nos referimos a las constantes escenas del peligroso Río Grande o Río Bravo y la tecnología utilizada por la Patrulla

---

4 En la novela *Murieron a mitad del río* (1948) de Luis Spota, el protagonista, un alambrado, tiene una relación amorosa con una angloamericana.

Fronteriza para detener el flujo de indocumentados. Esos elementos impactan el bienestar de los inmigrantes ya que los coyotes tienen que tomar drásticas decisiones para evadir la vigilancia.

Es importante recalcar que en *Espaldas mojadas* vemos un marcado sistema por medio del cual el coyote malévolo cumple su función social como lo mencionamos en el marco teórico de este estudio. Primero, debemos notar que el coyote es visto como el encargado de trasladar al inmigrante que no tiene documentos y a quien se le teme por su peligrosidad. Segundo, observamos la cualidad de inteligente en varios aspectos, por ejemplo, la habilidad con el idioma inglés le permite desplazarse sin mayores problemas hacia Estados Unidos. Por último, el coyote establece relaciones con contratistas para llevar a los indocumentados a ciertos campos de trabajo donde prácticamente son tratados como esclavos. Una vez allí, los contratistas les proporcionarán trabajos forzados a los inmigrantes, lo cual genera una serie de abusos laborales como bajos salarios, la vigilancia constante y el control de los gastos sobre los productos de consumo diario. Asimismo, los coyotes llegan a matar a los inmigrantes que intentan fugarse de los campos de trabajo. En este aspecto, coincidimos con el escritor fronterizo Guillermo Alonso Meneses, quien afirma que "desde una perspectiva global, el coyote es una pieza básica del sistema de tráfico de indocumentados, dentro del proceso de las migraciones internacionales clandestinas" (6). Esto nos lleva a entender el concepto del coyote corporativo que analizamos más adelante en este capítulo.

F. *Malditos polleros*: los coyotes son un mal necesario

También del cine mexicano, podemos citar la película *Malditos polleros* (1985), donde la denuncia de las atrocidades cometidas en la frontera por los coyotes es el tema central de la trama. La película aparece a mediados de los 1980; sin embargo, las escenas se pueden atribuir a la sociedad actual. En *Malditos polleros* los indocumentados son abandonados por el coyote malévolo en una zona inhóspita del desierto de Arizona. Uno de ellos es acribillado a balazos por uno de los coyotes. Los indocumentados van muriendo uno a uno a razón del hambre, la sed e, inclusive, la picadura de animales ponzoñosos que habitan la zona. Sólo uno de ellos sobrevive y es trasladado a un hospital de la ciudad de Tucson, Arizona. Después, el sobreviviente se ve obligado a huir hacia el sur. Más adelante encuentra refugio con la dueña de un taller mecánico. Acechado constantemente por la pesadilla que ha vivido, el sobreviviente decide contarle la historia a su protectora con quien desarrolla una relación sentimental.[5]

Una vez que logra estabilizarse, decide vengarse de los sanguinarios coyotes. Comienza a llevar a cabo su plan de venganza y se da cuenta que existe toda una industria del coyotaje en la frontera. Tal como lo mencionamos en la gráfica del capítulo anterior sobre las funciones en el sistema fronterizo, existe una cadena de personajes que tienen funciones y cualidades específicas las cuales permiten entender el millonario negocio del tráfico de indocumentados. El sobreviviente se da cuenta que hay *enganchadores* para convencer a los migrantes a que crucen de manera ilegal, analiza que hay guías para conducirlos vía caminos no vigilados por la Patrulla Fronteriza y constata la sagacidad de esos individuos: lo único que les importa es el dinero y no la vida de los indocumentados. Al final, el protagonista logra reunir a los coyotes que lo cruzaron por primera vez y los mata a balazos en un vecindario de la frontera.

Se podría decir que la venganza personal trae la justicia poética a la trama. Sin embargo, sería sólo como deshacerse de un grano de arena en el mar ya que, por decirlo de algún modo, la industria del coyotaje cuenta con miles de empleados. En su estudio, el investigador Víctor Clark Alfaro afirma que al eliminar a un coyote, "existen otros que están operando. La demanda por los servicios de los polleros sobrepasa la oferta" (2).

G. Vigilancia y violencia

Arizona: tragedia en el desierto es una película basada en los frecuentes casos que han ocurrido y ocurren diariamente en el desierto de Arizona. Lo interesante de este filme es que los inmigrantes indocumentados

---

5 Al igual que en *Espaldas mojadas*, el inmigrante indocumentado desarrolla un romance en medio de su adversidad.

provienen de El Salvador[6] y experimentan adversidades mayores debido a que tendrán que cruzar tres diferentes fronteras. Su primera mala experiencia con el coyote malévolo ocurre en Guatemala justo antes de cruzar el río para entrar a México:

> Pollo 1: Somos todos.
> Coyote: ¿Cómo que todos? Me dijeron que eran quince.
> Pollo 1: Sí, pero a tres los agarró la patrulla militar.
> Coyote 1: Pues por este dinero sólo me comprometo a ponerlos en territorio mexicano. Ya de allí para adelante cada quien se va a rascar con sus propias uñas.

Una vez que más adelante llegan a una ciudad fronteriza del estado de Sonora, los migrantes conocen a Elías, un guía que trabaja para dos coyotes: Mateo y Silvano. Los susodichos son llevados a una casa donde esperan que se haga de noche para luego ser trasladados a EE.UU. En una de las escenas observamos cómo los dos coyotes, ejerciendo una cualidad malévola, les roban parte de las pertenencias.

Los coyotes vigilan al grupo de indocumentados en todo momento. En ocasiones, se comunican a través de señas o gestos para controlar a los inmigrantes. Sobre este tipo de estrategias de vigilancia, Michel Foucault diría: "[H]ierarchized, continuous and functional surveillance [···] was organized as a multiple, automatic, and anonymous power [···]. This enables the disciplinary power to be both absolutely indiscreet, since it is everywhere and always alert" (*Discipline* 176-77). Eso lo podemos constatar al inicio de la película cuando, justo unas horas antes de iniciar el trayecto, el guía y los dos coyotes discuten la manera en que cruzarán la frontera. Asimismo, analizan y planean la manera en que burlarán la vigilancia de la Border Patrol o Patrulla Fronteriza:

> Mateo: ¿El desierto del Ajo?
> Elías: No hay otra. Es el camino menos vigilado
> Silvano: Es un infierno

---

6 La mayoría de los inmigrantes huían de la Guerra Civil en El Salvador.

Elías: Ni los patrulleros se meten allí. Caminamos un poco y nuestros amigos nos esperarán para llevarnos a Los Ángeles.

Como se puede observar, existe un plan para llevar a cabo la operación del traslado de los inmigrantes y el logro depende de las funciones de otros sujetos para ejecutarlo. La audacia de los coyotes les permite reforzar su poderío e incrementar sus ganancias.

Para cruzar la frontera, los coyotes utilizan un viejo camión de carga, poniendo en riesgo la integridad de los inmigrantes puesto que conducen a alta velocidad por una zona de terracería. Por su lado, los inmigrantes comienzan a exigir que detengan el vehículo como lo vemos en el siguiente diálogo:

Elías: Bueno, ¿qué tienen? ¿Qué es lo que pasa?
Pollo: Es lo que quisiéramos saber. Esta cosa se mueve tanto que parece que se va a desbaratar.
Elías: Es que entramos en una brecha, tuvimos que dejar la carretera porque está muy vigilada.
Pollo: ¿Falta mucho?
Elías: Menos de una hora.

Después de llegar a una región desértica, los inmigrantes comienzan a caminar y lo hacen varias horas. Desafortunadamente se desviaron de la ruta. Uno de ellos les pide agua a los coyotes, pero éstos se la niegan, mostrando así su inhumano actuar.

Como mencionamos anteriormente, otra característica de la fórmula siniestra de los coyotes es la violencia. En *Arizona: tragedia en el desierto*, observamos que ese tipo de acciones ocurren en situaciones adversas, por ejemplo, cuando los inmigrantes comienzan a quejarse por la demora del trayecto o la falta de agua. En otra escena, vemos que uno de los pollos les suplica a los coyotes que le den una botella de agua. Éstos, por su parte, demuestran su maldad al despojarlo del dinero y otras pertenencias; golpean al pollo y lo abandonan a su propia suerte. Más tarde pretenden ayudar a una de las mujeres del grupo de indocumentadas, pero la acción es únicamente para acercarse a ella y luego violarla, mostrado así la perversidad.

H. *Arizona: tragedia en el desierto:* los coyotes expertos

En *7 soles* es constante la interacción que tiene El Negro, coyote encargado de guiar el cruce del desierto, con los inmigrantes. Su experiencia en el terreno le permite describirles los posibles peligros que pudieran enfrentar al cruzar por el inhóspito terreno. En el caso de la película *Arizona: tragedia en el desierto*, los coyotes aprovechan los momentos de descanso para informar continuamente a los inmigrantes del progreso de la travesía. Presumen de su conocimiento de ese territorio como lo vemos en el siguiente monólogo de Elías, uno de los coyotes:

> Ya estamos en territorio americano. Este es el desierto de Ajo. Estamos dentro del parque nacional Organ Pipe Cactus. Tenemos que estar aquí hasta las ocho de la mañana para esperar a que pase la patrulla que vigila el parque. Luego seguiremos hacia el oeste para avanzar 10 kilómetros hasta el punto donde nos esperan los demás. De allí nos llevarán hasta Los Ángeles en tres vehículos.

De esa manera, podemos apreciar que los coyotes han adquirido ciertos conocimientos geográficos y que ellos mismos han desarrollado un sistema para evadir la vigilancia. Es decir, han procesado un sistema de horarios para burlar la vigilancia en el desierto y poder llegar con éxito a su destino. Sobre el conocimiento y el manejo de horarios y movimientos programados, Foucault afirmaría que ello "served to economize the time of life, to accumulate it in a useful form and to exercise power over men through the mediation of time" (162). En conexión con eso, el coyote malévolo se vale de su experiencia geográfica y su conocimiento de la vigilancia por la Patrulla Fronteriza para evadir a los agentes y cumplir con el acuerdo de trasladar a los inmigrantes con mayor facilidad.

Las acciones siniestras de los coyotes comienzan a intensificarse cuando se enteran que sus compinches no vendrán a recogerlos como lo habían acordado. En consecuencia de ello, los inmigrantes comienzan a morir por la falta de agua y comida, las picaduras de animales ponzoñosos y la negligencia de los coyotes. Después de en medio de la noche el coyote Silvano viola salvajemente a una joven, le propone a su compañero Mateo huir hacia otra ruta, abandonando al guía Elías y al resto de los inmigrantes sobrevivientes, tal como lo vemos en el siguiente diálogo:

> Mateo: Esto se está poniendo feo.
> Silvano: Si nos regresamos por donde venimos, nosotros dos podemos estar muy pronto en las Juntas.
> Mateo: Claro. Y caminando de noche aventajaremos más. ¿Y, Elías?
> Silvano: Piensa en ti. Vámonos.

Al abandonar a sus víctimas en pleno desierto, el coyote muestra otro ejemplo de maldad. Con eso nos damos cuenta que el pollero no siempre cumple sus funciones, aun cuando los inmigrantes ya han pagado el traslado. En este tipo de acciones nuevamente surgen las cualidades del trickster que mencionamos en el capítulo anterior. Lo sorprendente es que las acciones malévolas de los coyotes se dan también entre ellos mismos. Por ejemplo, cuando a Silvano lo pica una tarántula, inmediatamente pide auxilio a Mateo, pero éste, en vez de ayudarlo, se va y lo abandona a su propia suerte.

I. Los intereses de los coyotes en *7 soles*

En *7 soles* podemos apreciar que los intereses de una corporación compuesta de coyotes están en riesgo debido a que uno de sus elementos, El Negro, quiere salirse de la organización. Este coyote experimenta una vigilancia constante por parte de sus jefes y éstos deciden enviar a El Gavilán, el coyote malévolo, para que lo vigilen en todo momento y lo acompañen en el próximo viaje. En una de las escenas, El Negro comparte con su novia, vía una llamada telefónica, un temor hacia la corporación:

El Negro: Pero es que me tienen bien agarrado de los huevos. ¡Ya te dije lo que me puede pasar si me cachan!

En la realidad podemos ver que los coyotes son vigilados también y que operan bajo órdenes corporativas.

Sobre la proliferación de grandes organizaciones que se dedican al tráfico de inmigrantes indocumentados, Jorge Santibáñez, rector del Colegio de la Frontera Norte (COLEF), afirma, "[L]os coyotes son una especie en extinción y ahora hay toda una red de traficantes de personas que son profesionales, cuentan con hoteles, casas de seguridad, autos y vehículos de carga con los que realizan los cruces fronterizos" (1). Por otro lado, el investigador Víctor Clark Alfaro nos ofrece una descripción de la logística que utilizan estos grupos:

> Este negocio viene especializándose desde hace más de una década. Funciona como una red perfectamente bien organizada. Aprovechan el uso de la nueva tecnología, incluso se habla de que utilizan los GPS (Global Position System), aparatos con guía satelital para ubicar mediante coordenadas la posición de las personas. Además estos grupos cuentan con contactos para sacar documentos falsos y llevar al migrante hasta el lugar donde desee. (1)

En base a las observaciones de estos investigadores, podemos confirmar que las organizaciones de coyotes cuentan con una estructura y un sistema que les permite cumplir con la demanda del transporte de inmigrantes indocumentados y ejecutar otras actividades asociadas al negocio.

No hay que olvidar que los coyotes operan dentro de los márgenes del capitalismo: toda demanda de servicios tiene su oferta. Como lo explica Daniel González en su artículo "Coyotes: criminals to the U.S. but heroes to many immigrants" (2008) del diario The Arizona Republic:

> Many Mexicans trust them to navigate past the army of agents

assembled along the border between Mexico and the USA. Migrants put their trust in smugglers even though they know it's risky. Rival smuggling groups and rip-off gangs battle over migrants, who have become high priced commodities in an escalating war. The smugglers have become far more ruthless in recent years. Immigrants fear the gangs who cash in on the smuggling trade by stealing migrants from smugglers. (1-2)

En la susodicha cita se hace notar que la competencia entre los coyotes ha desembocado en una guerra entre ellos mismos. Esta tendencia ha aumentado en los últimos años. Por otro lado, las recientes producciones cinematográficas vagamente lo muestran.

Como mencionamos en el capítulo I, los coyotes comenzaron a transformar sus negocios en corporaciones a gran escala y con grandes ganancias. En muchos de los casos sus operaciones están ligadas al narcotráfico e, inclusive, a acciones terroristas (Spener 74). En el caso de *7 soles*, los coyotes pertenecen a una organización denominada *The Kings* o Los Reyes. En una de las escenas, El Gavilán, quien funge como enganchador de inmigrantes en la terminal de camiones de la ciudad de Nogales, promueve con orgullo sus servicios:

¿Van pa'l otro lado? No tengan miedo, hombre. Yo cruzo gente. Soy de los Kings, de los Reyes de la Frontera pues. No tengan miedo pues. No van a encontrar a nadie más como Los Kings. Somos los más seguros y los más baratos. Para mañana ya están en Phoenix. ¿Entonces qué?.. ¿Se animan? Ándele. ¡Con nosotros todo es seguro!

Como podemos apreciar en ese diálogo, El Gavilán trata de ganarse la confianza de los inmigrantes.

Por otro lado, una vez que comienza la travesía por el desierto su tono de voz cambia totalmente tal como se aprecia en la siguiente advertencia que, de manera malévola, les hace al grupo de inmigrantes:

Y aguas con soltar la sopa si nos llega a agarrar la migra. Aquí no hay coyotes. Todos somos mojados. Ni se les ocurra echarnos de cabeza porque entonces sí que les va ir muy mal de regreso a la frontera.

A pocas horas de iniciada la caminata, El Gavilán recibe una llamada en celular de sus superiores para notificarles que tendrán que cambiar de ruta, debido a que se han enterado de la presencia de un grupo compuesto de seguidores de los Minuteman[7] y agentes de la Patrulla Fronteriza. Similar a lo mencionado por Clark Alfaro anteriormente, vemos que *Los Kings* es una red de coyotes bien organizada, la cual aprovecha los avances tecnológicos para operar con mayor efectividad.

Es aquí donde la historia se complica porque ahora los coyotes tendrán que llevar a los inmigrantes por unos senderos de mayor peligro y, sobre todo, sin comida ni agua para realizar la jornada. Por ejemplo, en una de las escenas de *7 soles*, El Negro se encarga de notificarle al grupo la mala noticia sobre el progreso de la travesía:

El Negro: Tuvimos que tomar otro rumbo. Nos avisaron que había mucha migra y vamos a tener que recorrer todo esto y atravesar unas montañas. Vamos a tener que caminar más de lo que pensábamos.

Los inmigrantes muestran su frustración, pero obedecen a las órdenes de El Negro. Desconocen el terreno y no tienen otra opción más que hacer lo que se les indica.

Sobre ese tipo de obediencia Friedrich Nietzsche dice en Así habló Zarathustra lo siguiente:

---

7 El proyecto *Minuteman* es un grupo que apareció en Arizona a principios del 2000 con el propósito de vigilar la frontera Estados Unidos-México. Los operativos de este grupo ocasionaron enfrentamientos agitados con grupos pro-inmigrantes. Sus patrullajes impulsaron un sentimiento antinmigrante fomentado anteriormente por otros grupos, tales como, Ranch Rescue, American Patrol y los Barnett Brothers. Chris Simcox es el fundador del Cuerpo de Defensa Civil del Proyecto Minuteman.

Todo ser con vida es obediente. Sólo se manda a quien no sabe obedecerse a sí mismo. Así es la especie de los seres vivos. Mandar es más difícil que obedecer, y no sólo porque quien manda ha de soportar el peso de quienes obedecen, un peso que fácilmente les aplasta. (135)

En este caso, el riesgo de El Negro es llevar la responsabilidad de guiar a los inmigrantes por un sendero peligroso. Su autoridad se pone a prueba no únicamente con el ánimo del grupo de inmigrantes, sino también con la arrogancia de El Gavilán.

Al igual que en *Arizona: tragedia en el desierto*, los inmigrantes de *7 soles* comienzan a rendirse ante el implacable desierto de Arizona y la continua violencia. Los coyotes violan a una de sus víctimas. Fiel a las cualidades malévolas, El Gavilán mata a quemarropa a una de las inmigrantes luego de una acalorada discusión. Para El Negro, esta situación es una especie de metamorfosis. Sus acciones ambivalentes lo confunden constantemente y, al final, este coyote libera a algunos de los inmigrantes cuando se encuentra en Phoenix, Arizona en una casa de seguridad vigilada por los coyotes de la corporación. A pesar del comportamiento ambivalente, debemos de estar conscientes que El Negro proviene de un grupo de coyotes malévolos.

Por otro lado, es conveniente mencionar entonces que el comportamiento del coyote en *7 soles* pudiera compararse al de un *trickster* o engañador, esa figura de la mitología que hace el bien y el mal y que desobedece las normas para llevar a cabo un fin. En las creencias de la cultura indígena del suroeste de los Estados Unidos, el *trickster* es un animal convertido en coyote que tiene la habilidad de transformarse y ser un héroe que vence a la maldad (Ryan 7). Paradójicamente se le asocia también con ciertos poderes y con la habilidad de viajar. Estos atributos no son extraños al comportamiento del traficante de indocumentados conocido comúnmente como coyote. Irónicamente, sus habilidades son semejantes a las del personaje mitológico.

El hilo de la historia de *7 soles* lo lleva El Negro, un coyote que quiere reivindicarse con la sociedad y, sobretodo, con él mismo.

Aunque en *7 soles* no se explora el robo de inmigrantes entre coyotes, sí se expone la complejidad de los servicios de las redes del tráfico de inmigrantes.

Conclusión

Cuando se habla del coyote malévolo, específicamente en el tema migratorio, podemos ver que no es ajeno a nuevas manifestaciones en su representación. A través de los años, hemos observado en el cine mexicano, chicano y angloamericano una evolución en las cualidades de los personajes que representan a los traficantes de inmigrantes indocumentados. Sus cualidades malévolas se basan en una fórmula siniestra para ejercer el oficio: la inteligencia, la audacia y la violencia. Éstas se van adaptando, como lo hemos visto en las películas *Arizona: tragedia en el desierto*, *7 soles*, *Malditos polleros* y otras, a las nuevas realidades de la frontera las cuales a la vez, generan nuevas dinámicas en el cruce de inmigrantes. Es notable que *Arizona: tragedia el desierto* refleja las cualidades del coyote malévolo en relación con el entorno social de los inmigrantes de los 70 y 80. En el caso de esa película, los protagonistas son inmigrantes centroamericanos que huyen de la Guerra Civil en El Salvador (1979-1991). Hoy en día las cualidades de los coyotes podrían ser aún más violentas y sanguinarias debido a las políticas implementadas por el gobierno estadounidense después del 2000: entre ellas, el envío de tropas a la frontera, la construcción de nuevas secciones de muro fronterizo y las nuevas manifestaciones de crímenes entre los coyotes. Respecto a esta última, nos referimos al robo de la "mercancía" entre ellos mismos. En conjunto, las cualidades han deshumanizado prácticamente a todos los inmigrantes que buscan el Sueño Americano ya que ahora los coyotes buscan nuevas vías (aún más peligrosas) para cruzar el desierto. De hecho, las cualidades del coyote malévolo se han convertido en elementos indispensables en la estructura de las tramas presentadas en la pantalla grande donde se trata el fenómeno migratorio.

Conclusión

El coyote en las producciones culturales: un personaje socialmente arraigado e imprescindible en la frontera

El propósito de este libro ha sido demostrar las manifestaciones que ha sufrido el personaje el coyote en el cine chicano, mexicano y angloamericano, específicamente en las películas *El Norte* (1984), *Arizona: tragedia en el desierto* (1984) y *7 soles* (2008). Para este objetivo, hemos presentado un panorama de la situación migratoria actual que, sin duda alguna, supera a las tramas presentadas en el cine. Hemos revisado ciertas producciones cinematográficas que, a pesar del paso de los años, han sido modelos de filmes recientes y ayudan a solidificar las cualidades del coyote benévolo, malévolo y ambivalente. Para entender las cualidades del personaje el coyote en la frontera, se analizaron las relaciones de poder dentro del marco socioeconómico fronterizo, la función social, los estereotipos en el cine y sus similitudes con el *trickster* con respecto a su representación.

En el primer capítulo analizamos la historia social del ser social llamado *coyote* por facilitar el cruce ilegal a Estados Unidos. Esta visión histórica nos permite acercarnos a las primeras producciones cinematográficas para entender sus primeras cualidades atribuidas al coyote como personaje del cine. Los historiadores Arturo Rosales y Alberto Camarillo nos brindan una perspectiva del pasado para explicar las funciones del coyote dentro de los cuatro períodos mayores de la migración mexicana. Asimismo, se analizan los estereotipos del coyote benévolo, malévolo y ambivalente.

Establecido el contexto histórico del coyote en el primer capítulo, el segundo presenta el marco teórico el cual facilita un análisis de las películas que integran al personaje el coyote como parte de un sistema fronterizo. Para ello, recurrimos a los conceptos críticos, tales como, las relaciones de poder teorizadas por Friedrich Nietzsche y Michel Foucault, la función social como conceptualizada por el antropólogo fronterizo Víctor Clark Alfaro. Ampliamos el marco teórico respecto a los actores sociales de la comunidad fronteriza en base a la obra *Border Writing: The Multidimential Text* (1991) de la investigadora Emily Hicks. Sus funciones sociales las relacionamos con los estereotipos comunes a los latinos presentados en obras cinematográficas hollywoodenses.

En el tercer capítulo, presentamos las cualidades del coyote benévolo a través de las películas *El Norte* y *7 soles*. Explicamos también cómo ésas son sustentadas por las acciones ambivalentes. Ampliamos la terminología utilizada para referirnos al coyote y analizamos la variación en la figura del personaje. De esa manera quedan acentuadas sus funciones como *guía*, *pollero*, *enganchador* y *burrero*. Por medio de unas gráficas acentuamos las cualidades que lo identifican como benévolo: *recomendado*, experto, busca de redención y *armado* y *peligroso*. De la misma manera presentamos términos populares para definir al inmigrante indocumentado y analizar sus implicaciones, por ejemplo, *pollo* o *alambrado*. Las cualidades del coyote benévolo se analizan además en el drama *Puente negro* (1983) de Estela Portillo Trambley y en los corridos, tales como, "Tres veces mojado y "Los alambrados".

En el cuarto capítulo exploramos la figura del coyote malévolo vía la película *Arizona: tragedia en el desierto*. Las cualidades de esta figura son detectadas en películas del pasado, entre ellas, *Border Incident* (1949) y *Espaldas Mojadas* (1953) y reaparecen en producciones recientes como es el caso de *7 soles* (2008). La estructura del coyote malévolo surge en los estereotipos y para marcarlo, nos apoyamos en el capítulo "El bandolero o los chicanos fabricados por Hollywood" del libro *El bandolero, el pocho y la raza* de David R. Maciel. Sus acciones malévolas están condicionadas por la inteligencia, la audacia y la violencia. Su funcionalidad se explica en relación a sus cualidades (*experto*, *armado y peligroso*, *audaz*, *violento* y *engañador*); éstas son presentadas en gráficas para entender las labores con mayor precisión.

En suma, las cualidades benévolas, malévolas y ambivalentes del coyote en las producciones cinematográficas son reflejos de la dinámica fronteriza entre Estados Unidos y México, específicamente respecto al tráfico de indocumentados. Queda demostrado que tanto en las tramas del cine, como en la realidad, la función del coyote es necesaria, independientemente de que el coyote opere al margen de la ley. Sus cualidades le permiten funcionar a través de ciertas diversas modalidades: *pollero*, *enganchador*, *guía* y *patero*, por mencionar algunas. Con todo esto queda claro que, cuando se explote el tema del tráfico de inmigrantes a través del cine, la música, el teatro y otras producciones culturales, no se podrá prescindir del personaje el coyote.

Obras Citadas

A Day Without a Mexican. Dir. Sergio Arau. Perf. Elpidia Carrillo. Eye On the Ball Films. 2004

Al otro lado. Dir. Gustavo Loza. Perf. Carmen Maura. IMCINE. 2004.

Arizona: tragedia en el desierto. Dir. Fernando Durán. Perf. Roberto "Flaco" Guzmán, Juan Valentín. Laguna Films, 1984.

Avina, Rafael. *Una mirada insólita: temas y géneros del cine mexicano.* México: Cineteca Nacional, 2004.

Ayala Blanco, Jorge. *La herética del cine mexicano.* México: Editorial Océano. 2006.

Border Incident. Dir. Anthony Mann. Perf. Ricardo Montalbán. MGM Films, 1949.

Born in East L.A. Dir. Cheech Marin. Perf. Cheech Marin. Universal Pictures. 1987.

Caban, Pedro. A. *The Latino experience in U.S. History,* Paramus, NJ: Globe Fearon, 1994.

Camarillo, Albert. "Alambrista and the Historical Context of Mexican Immigration to the United States in the Twentieth Century". *Alambrista and the US Mexico Border: Film, Music and Stories of Undocumented Immigrants,* ed. Nicholas J. Cull and David Carrasco. (Albuquerque: University of New Mexico, 2004) 13-35.

Campo, Adrián. "America's divide." *Newsweek* 10 April 2006: 28-38.

Claire, Fox. *The Fence and the River: Culture and Politics at The U.S.-Mexico Border. Minneapolis*: U Minnesota P, 1999.

Clark Alfaro, Víctor. *Conferencia de organizaciones humanitarias.* Personal Interview. (26 de abril del 2000). Unedited.

Contrabando humano. Dir. José Luis Urquieta. Perf. Mario Almada. Laguna Films 1981.

Crosthwaite, Luis Humberto, Bobby Byrd, John William Byrd. *Puro Border: Dispatches, Snapshots and Graffiti from La Frontera.* El Paso: Cinco Puntos Press, 2003.

Davis, Marilyn. P. *Mexican Voices/American Dreams: An Oral History of Mexican Immigration to the United States*. New York: H. Holt, 1990.

De sangre chicana. Dir. Joselito Rodríguez. Perf. Huracán Ramírez, Pepe Romay. Cinematográfica Roma. 1974.

Durand, Jorge. *Braceros: las miradas mexicana y estadounidense*. México: Universidad Autónoma de Zacatecas, 2007.

El bracero del año. Dir. Rafael Baledón. Perf. Eulalio González "Piporro". Producciones Sotomayor, 1964.

El mil usos II. Dir. Roberto G. Rivera. Perf. Héctor Suárez. Televicine. 1984.

El muro de la tortilla. Dir. Alfredo B. Crevenna. Perf. Rosenda Bernal. Acuario films, 1982.

El Norte. Dir. Gregory Nava. Perf. David Villalpando. PBS, American Playhouse, 1984.

El puente II. Dir. José Luis Urquieta. Perf. Rafael Inclán. Laguna Films. 1986.

Espaldas mojadas. Dir. Alejandro Galindo. Perf. David Silva. Azteca Films, 1953.

Fernandez, Lionel. "U.S. Latino Patriots: From the American Revolution to Afghanistan", Web. Mar. 2009. <http://pewhispanic.org/files/reports/17.3.pdf>.

Fernández, Valeria. "Fuerza especial contra coyotes". La Voz 12 nov. 2003: A1-A12.

Foucault, Michel. *Historia de la sexualidad 2: el uso de los placeres*. México: Siglo XXI Editores, l986.

___. *Discipline and Punish: the Birth of the Prison*. Trad. Alan Sheridan. New York: Vintage Books, 1977.

Fregoso, Rosa Linda. *The Bronce Screen: Chicana and Chicano Film Culture*. Minneapolis: U of Minessota P, 1993.

Frozen River. Dir. Courtney Hunt. Perf. Melissa Leo. Off Hollywood Pictures. 2008.

Fun with Dick and Jane. Dir. Dean Parisot. Perf. Jim Carey. Columbia Pictures, 2005.

Garcia Berumen, Frank Javier. *Brown Celluloid: Latino/A Film Icons and Images in the Hollywood Film Industry*. New York: Vantage Press, 2003.

Goddard, Terry. "Tracking money transfers to fight human smuggling". 2
feb. 2007. Web. 2 mar. 2009. <http://www.azag.gov/messages/
TrackingMoneyTransfers.html>.

Gonzalez, Daniel. "Coyotes: Criminals to the U.S. but heroes to many immigrants"
Web. 2 jul. 2008. http://www.usatoday.com/news/nation/2003-11-30-
coyotes_x.htm>.

____."Attacks on smugglers puzzle feds" The Arizona Republic. 1 Mar.2007.
Web 9 sep. 2009.http://www.azcentral.com/arizonarepublic/news/
articles/0301attacks.html >.

Guting, Gary. Ed. *The Cambridge Companion to Foucault*. Cambridge: U of
Cambridge P, 1994.

Hernández-G, Manuel de Jesús. "Todos contra los anti-inmigrantes".
CULTURAdoor. Web. 27 ago. 2007. <http://www.culturadoor.com/contra_
antiinmigrantes.htm>.

Hicks, D. Emily. *Border Writing: The Multidimensional Text*. Minneapolis: U
of Minnesota P, 1991.

Iglesias Prieto, Norma. *El cine fronterizo, el poder de la imagen y la redimensión del
espectáculo cinematográfico*. Ed. José Manuel Valenzuela Arce. México:
Fondo de Cultura Económica, 2001. 328-363.

____. "Frontera a cuadro: representaciones y auto representaciones de la
frontera entre México y Estados Unidos". May, 2006. Web. 20 mar. 2009.
<http://www.revistatodavia.com.ar/todavia15/notas/prieto/txtprieto.html>

Kearney, Michael. *Fronteras fragmentadas, fronteras reforzadas*. México: El
Colegio de Michoacán, 1999.

Keller, Gary D. *Biographical Handbook of Hispanics and United States Film*.
Tempe: Bilingual Press, 1997.

____, ed. *Cine chicano*. México: Cineteca Nacional, 1988.

Kent, Douglas. *The Border: Life on the Line*. New York, Abbeville P, 1988.

Laberinto infernal. Dir. Sixto Meléndez, Javier Gómez. Perf. Claudia Rubio. Rock
Soup LLC, 2007.

La ilegal. Dir. Arturo Ripstein. Perf. Lucía Méndez. Televicine, 1979.

Las braceras. Dir. Fernando Durán. Perf. Patricia Rivera, Lyn May. Producciones

Fílmicas Agrasánchez, 1981.

La jaula de oro. Dir. Sergio Véjar. Perf. Mario Almada. Cinematográfica Tamaulipas. 1987.

Lévi-Strauss, Claude. *Structural Anthropology*. Trans. Claire Jacobson. New York: Basic Books, 1963.

Los Bukis. "Los alambrados". *Casas de cartón*. México. Fonovisa. 1975.

Macfarian, Allan A. *Native American Tales and Legends*. New York: Heritage Press, 2001.

Maciel, David R. *El bandolero el pocho y la raza*. México: Siglo Veintiuno Editores, 2000.

Malditos polleros. Dir. Raúl Ramírez. Perf. Pancho Muller. Acuario Films, 1985.

Mamá solita. Dir. Miguel M. Delgado. Perf. Pedro Fernández. Dorado Film, 1980.

María Full of Grace. Dir. Joshua Marston. Perf. Catalina Sandino. HBO Films. 2004.

Meier, Matt S., Feliciano Ribera. *Mexican Americans/American Mexicans: from Conquistadors to Chicanos*. New York: Hill and Wang, 1993.

Méndez, Miguel. "Coyotes... Chivos expiatorios". CULTURAdoor. 25 Ago. 2007. <http://www.culturadoor.com/culturadoor53/ensayo.htm>.

Meneses, Guillermo Alonso. "Migra, coyotes, paisanos y muertitos: sobre la analiticidad y el sentido de ciertos factores de la migración clandestina en la frontera norte". Web. 25 jul. 2007. <http://www.tij.uia.mx/elbordo/vol07/migra_coyotes1.html>.

Metz, Christian. "From the imaginary signifier". *Film theory and criticism*, Ed. Gerald Mast, Marshall Cohen and Leo Braudy. Oxford: Oxford P, 1992, 730.

Mojados. Dir. Alejandro Galindo. Perf. Jorge Rivero. Películas Mexicanas S.A., 1979.

Murieron a mitad del río. Dir. José Nieto Ramírez. Perf. Héctor Suárez. Alianza Cinematográfica Mexicana, 1986.

My Family. Dir. Gregory Nava. Perf. Jeniffer Lopez. American Playhouse. 1995.

Nietzsche, Friedrich. *La voluntad de poderío: obras póstumas*. Madrid: Editorial

Edaf, 1998.

___. *A Nietzsche Reader.* Trans. R. J. Hollingdale. New Cork: Penguin Putma, 1977.

Noriega, A Chon; López M. Ana. *The Ethnic Eye: Latino Media Arts.* Minneapolis: U of Minnesota P, 1996.

On the Border. Dir. Francis Boggs. Hobart Bosworth. Selig Polyscope Company. 1909.

On the Border. Dir. William C. McGann. Perf. Walter Miller. Warner Bros. Pictures. 1930.

"Operation gatekeeper: an investigation into allegations of fraud and misconduct." 1 July, 1998. Web Abr. 2009. <http://www.usdoj.gov/oig/special/9807/exec. htm>.

Pastor, Robert A. and Jorge Castañeda. *Limits to Friendship: the United States and México.* New York: Knopf, 1988.

Pérez, Ramón "Tianguis". *Diario de un mojado.* Houston, TX: Arte Público P, 2003.

Portillo, Tramley, Estela. *Sor Juana and other plays.* Ypsilanti, MICH: Bilingual Press/Editorial Bilingüe, 1983.

Raíces de sangre. Salvador Treviño. Perf. Ernesto Gómez Cruz. CONACINE, 1979.

Rabinow, Paul. *The Foucault Reader.* New York: Pantheon Books, 1984.

Ramírez Berg, Charles. *Latino Images In Film: Stereotypes, Subversion, and Resistance.* Austin: U of Texas P, 2002.

___. "Stereotyping in Films in General and of the Hispanic in Particular". *Latin Looks: Images of Latinas and Latinos in the U.S. Media.* Ed. Clara E. Rodriguez. Boulder: Westview P, 1998, 119.

Rasmussen, Linda. Arizona movie review online. Web. 20 ago. 2008. <http://www. fandango.com/arizona_v2822/summary>.

Román, José Antonio. "Indocumentados cambian rutas tras el refuerzo de vigilancia en Arizona". *La Jornada* (28 ago. 2006): 2

Rosales, Arturo F. *Chicano! The History of the Mexican American Civil Rights Movement.* Houston: Arte Público Press, 1997.

Ryan Allan J. *The Trickster Shift: Humour and Irony in Contemporary Native Art.*

Seattle: University of Washington P, 1999.

Sanchez, Rosaura. "Mapping the Spanish Language Along a Multi-Ethnic and Multi-Lingual Border". Ed. Angie Chabram-Dernersesian. New York: Rontledge, 2006. 99-135.

Santacruz, Luz. "Mafias desplazan a los coyotes". *Univisión Online*. Web. 9 jun. 2003 <http://www.univision.com/content/content.jhtml?cid=227741>

Santo en la frontera del terror. Dir. Rafael Pérez Grovas. Perf. El Santo, Gerardo Reyes. Producciones Géminis. 1969.

Sleep Dealer. Alex Rivera. Perf. Fernando Peña. Maya Entertainment. 2009.

7 soles. Dir. Pedro Ultreras. Perf. Gustavo Sánchez Parra. Cuadrante Films, 2008.

Spener, David. "Mexican Migration to the United States, 1882-1992: A Long Twentieth Century of Voyotaje". The Center for Comparative Immigration Studies University of California, San Diego, 2005. Web. Abr. 2009. <http://www.ccis-ucsd.org/publications/wrkg124.pdf>.

___. "Some reflections on the language of clandestine migration on the Mexico-U.S. border" Jul. 2009. Web.Oct.2009. http://lasa.international.pitt. edu/members/congresspapers/lasa2009/files/SpenerDavid.pdf>.

Téllez Anguiano, María Eugenia. "Efectos socioeconómicos del flujo migratorio internacional en localidades fronterizas sonorenses". Web. 21 abr. 2009. <http://www.colef.mx/ResultadosProyectos/ANGUIANOReporteConacyt2006.pdf> .

The Day Laborers. Dir. Lane Shefter Bishop. Perf. José Caro, Ricardo Molina. Amigo Films, 2003.

The Gatekeeper. Dir. John Carlos Fray. Perf. Michelle Agnew. Screen Media Films, 2003.

Tigres del Norte. "Tres veces mojado". *Ídolos del pueblo. México*. Fonovisa. 1988.

Tres veces mojado. Dir. José Luis Urquieta. Perf. Mario Almada. Tekila Films Inc. 1989.

Ustedes los ricos. Dir. Ismael Rodríguez. Perf. Pedro Infante. Producciones Rodríguez, 1948.

Valenzuela Arce, José Manuel. *El color de las sombras: chicanos, identidad y racismo*. México: Plaza y Valdés, 1998.

____. *Por las fronteras del norte: una aproximación cultural a la frontera México-Estados Unidos*. México: Fondo de Cultura Económica, 2001.

Voces inocentes. Dir. Luis Mandoki. Perf. Carlos Padilla. Lawrence Bender Productions. 2004.

Wald, Elijah. *Narcocorrido: un viaje al mundo de la música de las drogas, armas y guerrilleros*. Nueva York: Rayo, 2001.

LaVergne, TN USA
30 January 2011
214532LV00004B/2/P